환장할
우리
가족

환장할 우리 가족

정상 가족 판타지를 벗어나
'나'와 '너'의 가족을 위하여

홍주현 지음

문예출판사

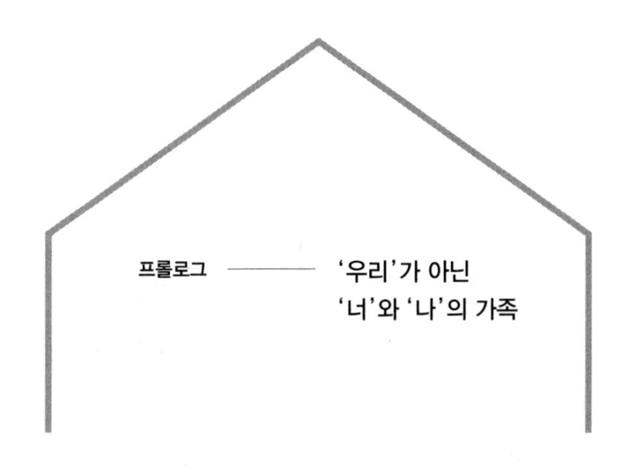

프롤로그 — '우리'가 아닌 '너'와 '나'의 가족

지난 설에 요즘 젊은 부부가 명절을 보내는 모습이 방송됐던 듯하다. 그 모습을 걱정스럽게 보고 쓴 글을 우연히 읽었다. 명절에 여자 쪽 본가에 먼저 가고 남자 쪽 본가에 가는 모습도 아니고, 아예 양가에 가지 않는 모습이었는데, 그 이유가 단순히 가기 싫어서였다고 한다. 대신 부부는 친구나 지인과 놀면서 명절을 보냈다. 글쓴이는 가족을 소홀히 하는 듯한 이런 변화를 보면서 우리 사회가 와해되고 있음을 걱정했다. 옛날엔 좋건 싫건 결혼하고 애 낳아야 하고, 부모 봉양하고 제사도 지내야 했는데, 지금은 모든 게 선택이기 때문에 벌어지는 모습이라는 것이다. 과거엔 사회구조가 가족 지향적 생활양식과 태도를 갖춰야 살아갈 수 있는 형태였지만, 지금은 그런 일을 반드시 해야 살아갈 수 있는 구조가 아니라서 생기는 변화다. 문제는, 그의 지적처럼 자유가 방종이 되지 않도록 제어하던 전통 규율 또한 빠르게 무너지는 반면, 이를 대체할 새로운 도덕이 없는 현실이다.

사실 가족의 해체로 드는 위기감은 사회적 차원뿐만 아니다. 개인적으로도 가족의 해체라는 표현을 떠올리면, 즉각 고립이나 소외 같은 단어가 연상되면서 두려움이 앞선다. 그런데, 이런 반응은 혹시 가족을 이 험난한 세상에서 믿고 의지할 수 있는 마지막 보루로 여기는 한국인의 무의식적 인식 때문에 생기는 것은 아닐까. 우리는 왜 조금도 의심하지 않고, 너무나 당연하게 가족을 마지막 보루라고 여길까. 혹시 그런 믿음이 가족 때문에 힘들어하면서도 가족 탓이 아니라고 자신을 속이면서 가족의 민낯 보기를 외면하거나, 그저 꾹 참게 만드는 것은 아닐까. 나는 가족에 대한 한국인의 이런 통념과 태도가 전형적인 집단주의적 시각에서 기인한 것 아닐까 생각한다. 한국의 가족은 '개인'이 존재하지 않는 '집단'에 가깝기 때문이다. '우리' 가족이라는!

나는 배우자를 힘들게 만난 편이다. 그와 결혼할 마음을 먹기가 힘들었던 게 아니라 그를 발견하기까지 힘들었다. 서로 마음에 맞는 사람을 만나는 일이 원래 쉽지 않지만, 나는 조금 까다롭다고 할 수 있는 나름의 기준을 정하고 이것저것 따졌다. 외모, 직업, 학벌, 집안, 성격. 이렇게 다섯 가지 항목이었다. '세상에! 저런 속물이…' 누가 보면 거부감이 확 들 태도지만, 솔직히 그때 내 속마음에는 그런 기준이 중요하게 작용했던 게 사실이다. 이 항목에서 전부 높은 수준으로 나를 만족시키는 사람이길 바란 건 아니다. (양심이 있지!) 중간 수준으로 만족하길 바랐는데, 다만 다섯 가지 항목이 모두 그래야 했다. 그게 까다롭다면 까다로운 부분이었다. 무수히 많은 사람을 소개 받았다. 마침내 그를 만났고, 두 달 만에 결혼했다. 누구나 그렇겠지만, 그 시기의 나를 돌아보면 약간 조증 상태였던 것 같다. 그만큼 행복에 겨워 들떠 있었다.

그런데 결혼하고 만 2년이 되지 않았을 때 남편이 말기 암 선고를 받았다. 암이 발생한 장기의 상태도 중증이지만, 다른 장기까지 퍼졌다면서 빨리 수술해야 한다고 했다. 처음엔 잘 와 닿지 않았다. 암은 그저 드라마에서 보거나 남들 얘기인 줄 알았기에 그것이 얼마나 심각하고 충격적인 일인지, 내 인생에 얼마나 큰 영향을 끼치는 사건인지 전혀 가늠하지 못했다. 심지어 하루 종일 남편과 함께 지낼 수 있어 좋다고 생각했으니, 얼마나 어수룩했는가. 그 무게는 천천히 조금씩 나를 짓눌렀고, 투병하는 남편 곁에서 나는 평소 잘 인지하지 못한 가족과 자신에 대한 생각이 그 무게를 더한다는 사실을 깨달았다.

시간이 조금 지나자 나는 자존감이 떨어지는 것을 발견했다. 투병 생활도 힘들었고 죽음이 엄습하는 것도 무서웠으며, 미래를 잃을지 모른다는 불안도 괴로웠지만, 무엇보다 나 자신이 루저(패배자나 불량품 같은 낙오자)가 된 기분이 들었다. 나는 왜 루저가 된 것 같았을까? 그 일이 발생한 원인에 내 잘못은 없었다. 무엇보다 배우자가 큰 병에 걸린 건 내 존재 가치와 아무 상관없는 일이다. 그런데도 가족의 불행을 함께 겪어야 하는 상황이 나를 디그레이

드degrade(가치 하락) 시키는 것 같았다. 그런 내 처지가 부끄러웠다. 머리로 이해하기 어려운 이 비합리적인 느낌은 대체 왜 생기는가? 나 자신을 낙오자로 느끼며 괴롭게 만든 것은 대체 무엇인가?

나는 개인적인 이유 외에 사회적인 원인도 있다는 사실을 깨달았다. 한국의 사회체제는 '개인'을 기본 단위로 하지만, 한국인의 의식 속 기본 단위는 '가족'이라고 해도 과언이 아니다. 즉 개인을 그가 속한 집단과 동일시하는 경향이 있다. 당사자도 자신을 그렇게 생각하고, 타인을 보는 시각도 그렇다. 결혼 전에 내가 따진 다섯 가지 항목 가운데 성격을 뺀 나머지가 전부 외적인 기준이라는 사실에서도 이를 알 수 있다. 내가 속물처럼 그런 기준을 세운 건 새로운 가족의 구성원인 배우자와 내가 같은 사람으로 인식되고 취급받으리라 여겼기 때문이다. 나 자신에게도, 다른 사람들에게도.

더욱이 한국에서는 복지의 주체가 가족이다 보니 가족 구성원에게 문제(예를 들어 사고, 실직, 건강, 이혼, 장애, 폭력 등)가 발생하면 가족 전체가 위험해진다. 가족의 나머지 구성원이 그 부담을 떠안아야 한다. 이런 현실이 '우리' 가족, 즉 '가족은 마지막 보루'라는 믿음과 개인을 가족 집단과 동일시하는 현상을 강화했다. 그리고 그런 믿음은 마지막 보루가 가족 구성원 개인을 위해 존재하는 게 아니라 도리어 개인이 마지막 보루를 위해 존재하는 것과 같은 본말전도 현상을 야기한다.

남편의 투병 생활이 주위에 알려지자, 나와 내 부모님은 이혼 권유를 적잖이 받았다. 결혼한 지 얼마 되지 않으니 헤어지라는 것이다. 우리는 충격 받았다. 내 고통과 가족에 대한 탐구를 하면서 나는 그 권유가 나와 내 부모를 위한 애정 어리고 냉정한 현실적 조언이라는 사실을 알았다. 가족이 마지막 보루인 사회에서 위험 요인이 되는 구성원은 가족을 전부 나락으로 떨어뜨릴 수밖에 없기 때문이다. 가족은 마지막 보루를 지키기 위해 안간힘을 쓰며 똘똘 뭉친다. 그러다 한계에 다다르면, 그 가족은 문제의 구성원을 제거하거나 배제하는 방식을 취한다. 그 하나 살리려다 가족 전체가 무너지는 일은 막아야 하는 것이다. 척추 장애로 다른 사람의 도움을 받아야 생활이 가능한 30대 딸이 어머니에게 자신을 죽여달라고 애원한 나머지 어머니가 살인미수범이 되는 안타까운 사건은 한계에 다다른 가족의 마지막 발버둥일 테다.

한국의 가족 살인 비율은 매우 높은 편으로, 특히 서구권에서 이런 사건은 드물다고 한다.[1] 이는 물론 복지 같은 제도적 미비 탓이지만, 우리 가족이라는 한국인의 무의식적 가족관에서 기인한 태도의 영향도 적지 않다고 생각한다. 한국의 우리 가족이라는 표현에서 '우리'는 개방적이고 포용적인 의미가 아니라 내부인과 외부인을 가르는 경계의 의미를 내포하기 때문이다. 이런 '우리'는 내부인에게는 폐쇄성과 배타성으로, 외부인에게는 무관심으로 작용하기 마련이다. 따라서 '남'이 '우리' 가족에게 무관심한 건 자연스러운 것이고, '우리' 가족 안에서 일어난 문제는 당연히 '우리'끼리 해결해야 한다는 것이다. 나와 내 부모님이 권유 받은 이혼도 이와 비슷한 문제 해결 방법이다. 이혼함으로써 위험 요인이 있는 가족 구성원을 제거하는 것이다. 그렇지 않으면 자칫 나와 친정 가족까지 나락에 빠질 수 있기 때문에 내가 취할 수 있는 최선의 방법을 조언해준 것이다. 한국에서 가족은 마지막 보루니까.

그러나 이런 가족은 가족 구성원을 지켜주는 보루가 아니라 가족(집단)을 위해 구성원(개인)의 희생을 요구하는 굴레로 전락한다. 가족이 개인을 위해 존재하는 게 아니라 개인이 가족이라는 집단을 위해 존재하는 것이다.

내가 그들의 조언대로 이혼했다면 문제가 해결됐을까. 경제적 어려움을 피하는 정도가 해결될 뿐, 그리 큰 차이가 없었으리라 추측한다. 불완전한 가족, 즉 '정상' 가족이라고 여기는 이성 부모와 자녀로 구성되지 않은 다른 모든 가족은 '비정상'이라는 낙인을 피하기 어렵기 때문이다. 가족이라는 집단과 구성원 개인을 동일시해서 인식하는 경향이 있다 보니, 가족의 결손이 구성원 개인에 대한 시선과 판단에 묻어나는 것이리라. 내게 아이가 있었다면 더욱 그렇다. 많은 사람이 서구 선진국에서 살고 싶어 하는 건 성공할 기회를 찾기 수월해서가 아니라, '정상' '비정상'이란 낙인 없이 있는 그대로 존중 받으리라 기대하기 때문일 것이다.

이것이 남편의 암 선고로 내가 왠지 자존감이 떨어지고 불행해졌다고 느낀 주요한 사회적 원인이라고 할 수 있다. 최근 가족의 해체 현상에 대한 위기의식이 높은 것도 상당 부분 이런 관념과 구조의 영향이 적지 않으리라 생각한다.

남편의 투병 생활을 함께한 기간은 내 인생을 백팔십도 바꿨다. 아니, 나 자신이 바뀌었다. 결혼 전에 따진 다섯 가지 항목이 말해주듯 예전에 나는 눈에 보이는 결과를 기준으로 속물적 가치를 추구했다면, 이제 눈에 보이지 않는 내적 가치로 방향을 틀었다고 할까(물론 예전에 비해 상대적으로 그렇다는 얘기지만). 이런 변화는 남편의 투병을 도운 5년이 '우리' 가족이란 울타리에서 벗어나 '나'라는 '개인'으로 다시 태어나는 시간이었기에 가능했다. 복지처럼 사회제도적인 부분은 나 혼자 힘으로 어떻게 할 수 없지만, 가족과 나 자신을 동일시하는 가족관은 내가 바꿀 수 있는 부분이기 때문이다. 사실 제도나 사회구조가 실질적으로 변하는 일도 사회 구성원의 변화가 선행되지 않으면 불가능하기도 하고.

무엇보다 '우리'라는 덩어리에서 '나'를 분리하려는 시도가 희한하게도 남편의 투병을 도우면서 겪는 어려움과 괴로움을 상당 부분 자연스럽게 덜어줬다. 그것은 '개인'에 대해서 쉽게 떠올리는 이기적 태도 때문이 아니다. 아프고 힘들어하는 옆 사람을 나 몰라라 하는 태도로 고충이 해결된다면, 그것은 문제의 가족 구성원을 배제하고 제거하는 종전의 집단주의 방식에 지나지 않는다. 그런 방식은 나를 '개인'으로 만드는 게 아니라 여전히 '우리'인 상태로 머무르게 했을 것이다.

'우리'에서 '나'를 분리하는 시도는 의식적 측면의 내적 변화다.

따라서 투병하는 남편과 그 옆에서 투병을 돕는 내 상태는 여전했다. 경제적 사정도 마찬가지다. 외적으로 변하는 건 전혀 없었다. 내가 가족을 바라보는 시각과 태도가 달라졌을 뿐이다. 나는 남편의 투병을 '우리', 즉 가족의 일이라기보다 '나'의 일로 받아들였다. 비록 내 의지나 잘못으로 겪은 일이 아니지만, 무력한 피해자로서 어쩔 수 없이 불행을 이겨내는 게 아니라 내 삶에 등장한 내 일로, 그 일에 대한 내 책임을 수용하려고 했다. 그러자 나를 무겁게 짓누르며 벼랑으로 내모는 것 같은 일이 두렵지 않았고, 점점 그 무게가 가벼워지는 듯했다. 나를 짓누른 건 그런 일이 아니라 어쩌면 그 일에 내 책임은 없다며 피하고 도망가려는 내 태도였는지도 모른다. 그렇게 나는 가족 안에서 '우리'가 아닌 '나'로 거듭나며 삶의 주인 자리를 되찾으려고 노력했다.

이제 그 일은 내 삶을 고역스럽게 만든 골칫덩이가 아니라 내 삶을 풍요롭게 만든 보석으로 둔갑했다. 시어머니에 대한 원망은 헤아릴 수 없는 감사로 바뀌었고, 어릴 때 친정 엄마에게 품은 원망까지 이해와 감사로 바뀌었다. 무엇보다 아직 서로 잘 모르는 상태에서 그런 힘든 일을 겪은 덕에 이전에는 탐구대상으로 조금도 생각치 않았던 '가족'에 관심을 둘 수 있었다. 가족이 무엇인지, 가족의 인연은 어떻게 생기는지 등 그러한 의문을 푸는 과정은 가족뿐만 아니라 나 자신을 진실로 사랑하는 것이 무엇인지 알아가는 여정이기도 했다. 두 분 어머니와 남편을 비롯해서 가족에게 이 자리를 빌어 다시 한 번 감사의 마음을 전하지 않을 수 없다.

이 책에는 그 여정이 담겨있다. 그래서 문제, 해결, 사회적 모색의 형태로 내용을 구성했다. 문제에 해당하는 1부는 투병하는 남편 옆에서 내적·외적 고충을 겪으며 발견한 한국 가족의 집단주의적 현상을 설명해보고자 한다. 혈연이라는 생물적 특징을 기반으로 똘똘 뭉친 '우리' 가족의 배타적이고 폐쇄적인 특징이 중심이다. 문제를 해결하는 과정을 담은 2부에서는 전통적 가족관을 대신할 새로운 가족관을 제시해보고자 했다. 가족에 대한 새로운 시각이 남편의 투병 생활 동안 겪은 고충을 상당 부분 극복할 수 있는 열쇠였기에, 가족 문제로 고민하는 독자에게 도움이 되길 바라는 마음이다. 나아가 '우리'라는 집단으로서 가족이 아니라 정신적으로 자립한, 서로 다른 '개인'으로서 '너'와 '나'가 모여 연대한 포용적이고 개방적인 공동체로서 가족의 모습을 그려봤다. 3부에서는 '개인'이 연대한 공동체로서 가족을 새롭게 만들기 위해 사회적으로 필요한 일과 방향을 고민했다.

가족의 해체를 말할 때 걱정스러운 시선을 가득 담는다. 그러나 나는 가족의 해체가 반갑다. 그 가족은 전근대의 '집단'에 지나지 않기 때문이다. 그런 가족이 해체돼야 지금 시대에 맞는 새로운 가족을 형성할 수 있다. 새로운 가족은 가족을 지키기 위해 구성원 개인이 희생해야 하는 애처로운 가족이 아니라, 각자가 온전한 자기 자신이 되기 위해 함께하는 밝고 건설적인 가족이어야 하지 않을까. 그런 가족으로 거듭나는 과정에서 자연스럽게 새로운 도덕도 만들어질 것이다.

차 례

1부

남편의 말기 암
선고가 왜 내 자존감을
떨어뜨렸을까

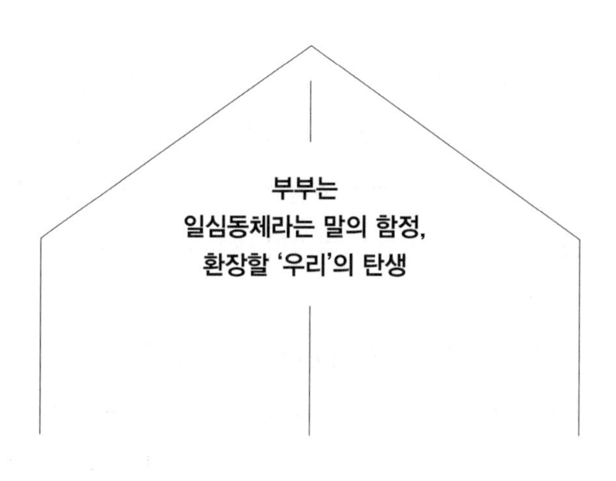

부부는 일심동체라는 말의 함정, 환장할 '우리'의 탄생

'차라리 내가 아프면 좋겠다…….' 남편과 투병 생활을 할 때 나는 종종 이런 생각을 했다. 특히 수술 후 오랜 입원 생활을 끝내고 항암 치료를 하는 동안 그랬다.

남편이 말기 암 판정을 받은 건 암세포가 다른 장기로 옮겨갔기 때문이다. 고령의 암 환자는 독한 치료법을 견딜 체력이 부족해서 힘든 대신 신진대사가 떨어져 암이 전이될 가능성이 비교적 낮은 반면, 젊은 사람은 체력이 좋아 힘든 투병 생활을 비교적 잘 버티는 대신 혈액순환도 잘돼 암이 전이될 가능성이 높다고 한다. 암이 전이되면 그만큼 암세포가 활발히 활동한다는 의미이기 때문에 의학적으로 치료 가능성이 낮아진다.

다행히 남편은 서둘러 수술을 받을 수 있었고, 바로 입원 생활을 시작했다. 그 덕에 나는, 반나절이 넘는 수술 시간에 닥쳐서야 두려움과 연민, 슬픔이 왈칵 쏟아졌을 뿐, 입원실 간이침대에서 먹고 자는 생활을 하느라 내가 처한 상황에 대해 어떤 생각을 하거나 감정에 빠질 겨를이 없었다. 집으로 돌아와 조금 숨통이 트이자, 눈앞에 닥친 일에 치여 가슴 한편으로 미뤄둔 감정과 생각이 하나둘 고개를 내밀었다. '차라리 내가 아프면 좋을 텐데'라는 아쉬움도 그때 느꼈다.

이런 모습을 보면 남편을 너무나 사랑하는 나머지 혹은 불행한 일을 당한 사람에게 연민이 큰 나머지 내가 그 고통과 불행을 대신 감당하고 싶어 하는 의미일 거라는 생각이 들 테다. 하지만 당시 내 마음은 그렇지 않았다. 아름답게 헌신하는 마음이 아니라, 아이와 같이 유치한 마음에 가까웠다. 발달 장애로 태어난 쌍둥이 동생과 함께 자라는 형이 자꾸 동생 뒷전으로 밀리는 서운함을 참다가 터뜨리는 투정과 비슷하다고 할까. 발달 장애아의 인권에 대해 이야기하는 《사양합니다, 동네 바보 형이라는 말》을 쓴 류승연은 어린 딸이 느닷없이 "나도 장애인으로 태어났으면 좋았을 텐데……"라고 해서 가슴 철렁할 때가 있다고 한다.

내 나이를 생각하면, 그런 말을 들을 때마다 하늘이 무너지는 것 같다는 부모 입장에 공감해야 마땅할 텐데, 웬일인지 나는 부모보다 아이 마음에 감정이입이 돼 울컥했다. 옷 입기, 양치질, 학교 등 일상의 보살핌에서 동생 뒷전으로 밀려나는 건 물론이고, 자기가 갖고 놀던 장난감이나 책을 빼앗아도 동생을 혼내기는커녕 흐뭇하게 바라보고 자기에게는 양보해야 한다고 말하는 엄마 아빠. 그런 부모를 보면서 어린 마음은 건강하게 태어난 게 오히려 억울하다고 느끼는 것일 테다. 건강하든 아니든 아이에게는 부모의 관심과 보살핌이 반드시 필요하니, 충분히 이해할 수 있는 합리적인 투정이다. 하지만 나는 뭔가. 아이를 키우고도 남을 어른이 왜 그런 유치하고 어이없는 생각을 했을까.

전혀 생각지 못한 충격적인 일을 당하면서 마음과 정신에 큰 상처가 난 건 사실이지만, 멀쩡한 내가 갑자기 웬 환자? 어이없다. 당시에는 나도 딱히 인지하지 못했다. 지나고 나서 솔직하게 돌아보니 그랬다. 결혼하면서 나도 모르게 남편과 나를 동일시했고, 이 일에도 예외가 아니었다. 나는 나를 남편과 같은 환자라고 생각하면서 남편이 주위 사람들에게 우대받듯 나도 그런 대우를 받아야 한다고 생각했다. 특히 시부모에게 그런 기대가 생겼다. 주위 사람들이 실제 환자가 아닌 나를 환자처럼 대할 리 없으니 '차라리 내가 아팠으면 좋겠다'고 생각한 것이다. 마치 부모의 사랑과 관심을 받아야 할 아이가 발달 장애 쌍둥이 동생에게 밀려 "나도 장애인이면 좋겠다"고 말하는 것처럼. 나는 내가 남편과 똑같은 취급을 받으려고 애쓰는지 자각하지 못할 정도로 자연스럽게 그런 식으로 나 자신에게, 또 사람들에게 반응했다. '부부는 일심동체'라는 말도 있지 않은가.

결혼한 지 2년밖에 안 됐는데 무슨 일심동체냐고 반문할 수 있겠지만, 그래서 더 남편 그리고 남편이 겪는 일과 '나'를 분리하지 못했던 것 같다. 돌아보면 나는 결혼과 동시에 그와 일심동체가 됐던 듯하다. 나는 결혼 전에 거의 모든 것을 외적인 기준으로 판단했다. 좋은 옷과 가방을 좋아하고, 멋진 카페나 식당을 찾아다녔다. 직장에서는 속으로 동료들과 나 자신을 비교하며 경쟁했다. 그뿐만 아니라 근사해 보이는 상사와 비교하면서 따라잡으려고 했다. 상사의 직급과 나이를 계산해서 나도 그 나이 때는 그 정도 직급이 돼야 한다고 혼자 따졌다. 그러던 나는 결혼하자마자 남편도 비교하기 시작했다. 친구 남편이나 내 직장 동료와 직위, 연봉을 비교하면서 남편이 뒤처지면 안 된다고 속으로 다그쳤다. 잘나가는 동료나 상사와 비교하면서 따라잡아야 한다고 나 자신을 다그쳤듯이, 이제는 남편에게 똑같이 했다. 그가 나인 듯, 내가 그인 듯!

일을 잠깐 그만둔 동안은 집에서 남편을 위해 간절히 기도했다. 남편이 하는 일이 잘돼서 성공하고, 그가 자기 뜻을 펼칠 수 있도록 사회적으로 높은 위치에 서게 굽어살펴달라고. 언뜻 보면 남편을 위하는 갸륵한 마음 같다. 하지만 그 뒤에는 내 이기적 욕망이 숨어 있었다. 간절한 기도의 제목은 남편이었지만, 내가 간절히 바란 남편의 사회적 성공은 남편을 위한 게 아니라 그 성공으로 덩달아 내 위치도 높아지리라 기대한 마음, 즉 나의 이기적인 욕망을 대리 만족하고자 한 것이다. 남편의 성취로 성공을 맛보고 부러운 시선을 받고 싶은 게 솔직한 마음이었다.

남편과 나를 동일시함으로써 남편을 내 아바타avatar[2]로 삼으려고 했으니, 한마음 한 몸으로 굳게 결합하려는 모습을 이보다 모범적으로 보여줄 수 있을까. 그러다가 남편이 밤마다 끙끙 앓기 시작했고, 투병 생활을 하기에 이른 것이다. 그러자 이제는 환자가 된 남편과 나 자신을 동일시해서 아픈 사람 취급을 받으려 하고……. 그러다 보니 나는 그에게 가장 힘이 되고 회복을 도와야 할 내 역할을 제대로 하지 못했다. 아픈 사람이 아픈 사람을 어떻게 돕겠는가. 시어머니가 내게 하는 당부를 제대로 듣지 못하고 오히려 상처에 뿌리는 소금으로 느꼈고, 그 쓰라림에 어쩔 줄 몰라 진짜 병을 앓는 이에게 치료해달라며 매달리기도 했다. 그와 나는 서로 가장 위해야 할 시기에 가장 많이, 격렬하게 다퉜다.

나는 남편과 동일시를 통해 '나'를 잃고, 자연히 남편을 '너'로 인식하지 못했다. 내가 곧 남편이고 남편이 곧 나인, 그저 '우리'라고 생각했을 뿐이다. 이렇게 '너'와 '나' 사이 경계가 무너진 환장할 '우리'가 된 나머지 도움이 필요한 가족을 돕지 못하고, 그저 위하는 척밖에 하지 못 했다.

가족과 교류를 끊고 지내겠다는 정치인과 이를 환영하는 사회, 괜찮을까

남편과 나를 구분하지 않은 채 '우리'라는 울타리에 묶어서 동일시한 나머지 멀쩡한 내가 아픈 사람처럼 대우받으려고 한 건 참 어이없지만, 주위 사람들은 대부분 그런 내 기대에 실망스럽지 않게 반응했다. 친구나 직장 동료 등 내 사정을 들은 사람들이 안타까워하는 기색은 말기 암에 걸린 사람이 나인지, 남편인지 때론 구분하기 어렵게 느껴질 정도였다. 그들의 위로와 격려는 정말 큰 힘이 됐다. 그런데 고백하자면, 불편한 자리에 참석해야 하거나 하고 싶지 않은 일을 요구받을 때 그런 그들의 태도를 이용한 적도 있다. 나는 남편의 건강을 핑계 삼았고, 거의 예외 없이 내 불응이 용인됐다. 이런 일이 가능한 건 아프지 않은 내가 투병하는 남편과 동일시했듯이 사람들도, 가족이라는 울타리 안에 있다는 이유로, 남편과 나를 한 인격체로 봤기 때문이 아닐까.

나는 국회에서 일할 때도 한국인이 가족을 한 인격체로 보는 게 아닐까 생각한 적 있다. 예를 들어 청탁 같은 일에서다. 민주주의 체제가 자리 잡아가면서 부정한 일을 저지른 권력자도 법적 처벌을 피하기 어려워졌고, 그 때문에 정치 생명을 잃은 선배와 동료를 자주 보면서 정치인과 사무실 직원 사이에서는 청탁이나 부정부패에 대한 경각심이 높아진 편이다. 여전히 매체에 보도될 만한 몇몇 사건이 일어나기는 하지만, 내가 함께 일한 의원들이나 주위 대다수 의원은 혹여 불미스러운 일에 연루될까 몸을 사렸다.

이런 속사정을 모르고 정치권력은 무슨 일이든 할 수 있다는 다분히 구시대적인 생각으로 정치인이 들어줄 수 없는 일, 들어줘서는 안 되는 일, 역량 밖의 일을 해달라고 부탁하는 사람들을 만나면 당혹스럽다. 그런 부탁을 받는 상황도 부담스러운데, 혹여 금품까지 건네려고 하면 난감하기 이를 데 없다. 거절하면 그만이라고, 단순히 무 자르듯 하기에는 입장이 난처하다. 어쩔 수 없는 일이라도 거절당하는 기분은 썩 좋지 않은 게 사실 아닌가. 지인이라면 개인적 친분을, 유권자라면 표심이나 이미지를 신경 쓰지 않을 수 없다. 그런 자리는 대개 보좌진을 대동하고, 직원을 통해서 거절 의사를 에둘러 전달한다. 물론, 완강하게 대처하는 의원도 있다. 간혹 진짜 깨끗한 정치를 하고 싶은 야망 큰 정치인 가운데 청탁 시도조차 차단해 극단적으로 대처하는 경우가 있다. 그러면 청탁을 포기해야 할 텐데, 때로는 가족을 통해 우회하는 시도로 나타나기도 한다.

한국의 반부패법인 이른바 '김영란법(부정 청탁 및 금품 수수 금지에 관한 법률)'이 그 대상을 유난히 광범위하게 규정한 이유도 여기 있을 터다. 거의 모든 반부패법이 그 대상을 공직자로 국한하지만, 한국의 반부패법은 기자와 일부 출판인, 국공립은 물론이고 사립학교 교직원 등 민간 부문 종사자까지 아우른다. 더욱이 부패에 연루될 가능성이 있는 직업인 당사자뿐만 아니라 그 가족까지 부정 청탁 관련한 부패를 경계해야 할 대상으로 규정한다. 그 결과 이 법의 대상자 수가 무려 400만 명에 이른다. 반부패법의 대상이 이토록 광범위한 건 독특한 현상이 아닐 수 없다.

한국에서는 왜 정치인이나 공직자 외에 공적 권력 행사와 무관한 그 가족에게도 청탁을 시도할까. 가족 구성원 하나가 높은 지위에 오르면 다른 가족 구성원의 지위도 암묵적으로 향상되는 현상, 아버지가 공적인 일을 하면서 특정 권력을 행사할 수 있다면 그 자녀나 아내도 거의 그런 사람으로 취급받는 현상과 관련 있는 게 아닐까. 거꾸로 자식이 출세하고 성공하면 부모가 떵떵거리고 어깨에 힘을 줄 수 있는 것은 부모 당사자든 그 주위 사람이든 자식의 지위를 부모의 지위와 동일시하기 때문일 것이다. 물론 제도적으로는 그렇지 않다. 한국은 엄연히 '개인'의 능력을 기준으로 평가하고 활동하는 시스템을 채택했다. 하지만 그 시스템 기준에 따르는 것은 겉으로 드러나는 형식 모양뿐이다. 사회에서 작동하는 문화 의식에는 가족 집단을 한 인격체로 인식해서 같은 특권을 누리도록 허용하고, 또 처벌도 함께 받아야 한다고 요구하는 현상이 종종 나타나기 때문이다.

2017년 초가을에 한 정치인의 아들이 마약 사범으로 검거됐을 때, 자신이 정치를 한다는 이유로 다 자란 자식의 일에 기자회견을 열어 사과하는 모습, 유명 배우가 직장 내 성폭력 가해자로 지목되자, 정작 그 현장에 있었을 직장 관계자, 동료들 책임은 조금도 따지지 않고 단지 가족이라는 이유로 그 사건과 아무 상관없는 자녀가 비난을 받으며 사회 활동에 제약을 받는 일 등이 그렇다. 가족 구성원의 잘못을 그 일과 아무 상관없는 가족 전체에게 덮어씌우는 사회적 연좌제가 종종 일어나는 건 누군가를 독립된 '개인'으로 인식하기보다 어떤 가족 집단의 한 단위로 인식하는 관념 때문일 것이다.

"국민 여러분, 저는 청와대에 들어온 이후 혹여 불미스러운 일이 생기지는 않을까 염려하여 가족 간에 교류마저 끊고 외롭게 지내왔습니다. ……이미 마음으로 모든 인연을 끊었지만, 앞으로 사사로운 인연을 완전히 끊고 살겠습니다."

국정 농단 의혹 이후 박근혜 전 대통령이 2차 대국민 사과문을 발표했을 때, 나는 이 부분이 특히 기괴하게 들렸다. 정치인이기 때문에 모든 사적 인연을 끊겠다는 것도 상식에 어긋나는 비인간적인 다짐이지만, 가족마저 멀리하겠다는 태도는 정말 이상한 일 아닌가. 비단 대통령 개인의 성격 문제가 아니라, 우리 사회가 이런 말을 공식적인 자리에서 대놓고 할 만큼 공직자에게 이런 태도를 원한다는 사실을 방증하는 것 같아 조금 섬뜩한 기분도 들었다. 그가 취임할 때 많은 사람이 결혼도 하지 않은 대통령이니 혈연관계에 따른 부정부패나 비리가 생기지 않으리라 기대하고 환영한 기억이 났다.

하지만 알다시피 그 기대는 오히려 더 큰 실망과 배신의 비수가 되고 말았다. 문제는 어디에 있을까. 가족이나 인간관계의 문제는 아닐 것이다. 그보다는 출중하거나 못난 가족 구성원과 그 가족 집단을 무의식적으로 동일시하는 태도, 가족을 한 인격체로 보는 사회의 보편적 관념이 문제 아닐까.

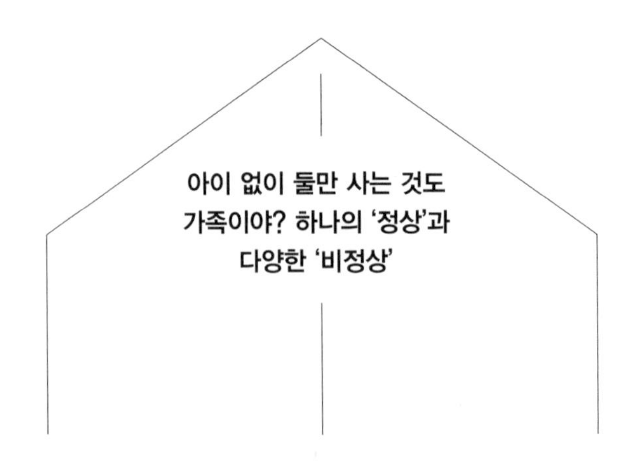

아이 없이 둘만 사는 것도 가족이야? 하나의 '정상'과 다양한 '비정상'

나와 배우자 사이에는 아이가 없다. 투병 생활을 한 때가 결혼하고 만 2년 정도 된, 신혼이라면 신혼인 시기였기 때문이다. 수술을 앞둔 때가 하필 내가 가장 아이를 갖고 싶어 한 시기였다. 우리처럼 아이가 없는 경우엔 수술 후 항암 치료를 시작하기 전에 약물 부작용을 염려해서 정자은행을 이용한다고 한다. 유효기간이 3년밖에 되지 않지만, 나는 가능하면 이용하고 싶었다. 그런데 이런저런 연유로 그 기회를 놓치고 말았다. 그때, 그 뒤로도 한동안 얼마나 울었는지 모른다. 그 눈물은 단지 아이에 대한 아쉬움 때문이 아니었다. 아이가 없는 가정이란 있을 수 없다는 오랜 관념에서 생긴 두려움이 컸다. 그 두려움은 우선 아이 때문에 산다는 오랜 말처럼, 부부 관계를 유지하려면 아이가 반드시 있어야 한다고 철석같이 믿은 데서 오는 것이다. 당시에는 잘 인지하지 못했지만, 사회적 분위기에서 기인한 이유도 있었다. 아무튼 10여 년 전, 내 머릿속에는 아이 없는 가정이 아예 존재하지 않았다.

기억을 더듬어보면, 아이 없이 사는 부부를 보지 못한 건 아니다. 결혼하기 3~4년 전이었다. 엄마와 외출하려고 집을 나서다가 엘리베이터 앞 아파트 출입구에서 이웃 아줌마와 마주쳤다. 예쁘고 세련되긴 했지만 분명 40~50대로 보이는데, 보통 아줌마답지 않게 엄마한테 말을 거는 목소리와 말투에 한껏 애교가 섞여 있었다. 20대 중반인 내게 좀 이상하게 보였다. 저 아줌마는 말하는 게 왜 저러냐고 물었더니 엄마가 "응, 저이는 원래 그래. 애가 없어서 그런가 봐"라고 했다. "아이가 없어? 그럼 남편이랑 둘이 산단 말이야?!" 나는 깜짝 놀랐다. '어떻게 아이 없이 둘만 살지? 뭐 저런 집이 다 있나…… 그래도 가족이라고 할 수 있을까?!' 속으로 이렇게 생각한 내가 막상 아이 없는 부부 가족이 될 상황에 처하자, 이런 편견이 그토록 서러운 눈물을 흘리게 한 것이다.

여성학과 가족학에 '정상 가족'이라는 개념이 있다. 근대 이후 한국 사회에서는 이성異姓 부부인 부모와 아들 하나, 딸 하나 혹은 아들이나 딸 둘을 둔 4인 가족을 '정상'적인 모습이라 인식하고, 그 밖의 형태는 모두 '비정상' 가족으로 간주한다는 것이다.[3] 한 자녀만 낳으려고 하는 경향이 큰 요즘에는 아마 3인 가족까지 '정상' 범주에 포함할 수 있을 테다. 협소하고 경직적인 '정상'의 기준을 두고 그 나머지를 '비정상'으로 간주하는 방식이 배타적이고 차별적이지만, 가족에 대한 차별적 태도가 두 부류에서 그친다면 그나마 나은지도 모르겠다. 내가 아이 없는 부부 가족이 되어 가족에 관심을 두고 보니, 가족도 마치 계급이 있는 것처럼 (무의식에서) 다층적으로 구분해서 서열화하고 다른 시선으로 대한다는 주장이 한국에서는 가능할 수 있겠다는 생각이 들기 때문이다.

살펴보면, 최상위층을 차지하는 형태는 당연히 이성 부부인 부모와 한두 자녀를 둔 3~4인 '정상' 가족이다. 그다음은 최근 심화되는 저출산 추세에 힘입어 나처럼 아이 없이 이성 부부로 구성된 가족이 아닐까 한다. 내가 아이 없는 이웃집 부부를 이상한 눈초리로 본 결혼 전이나, 아이 없이 가족을 유지할 수 있을까 두려워한 10여 년 전에 비하면 급격한 지위 상승이다. 하지만 여전히 '정상'적인 가족 형태는 아니다. 아이를 가질 수 없을지도 모른다는 상황에 지인들이 내게 보여준 안타까움과 위로는 원하는 대로 가족을 꾸릴 수 없는 내 마음을 향한 것이라기보다, '비정상'적인 가족으로 사는 내 처지를 가엾게 본 것일 수도 있다. 갓 결혼한 사람이나 결혼한 지 꽤 지났는데도 아이를 낳지 않은 부부는 아이를 언제 가질 것이냐는 질문을 거의 조건반사적으로 받는 게 한국의 실정 아닌가.

그래도 평생을 같이하려는 짝이 없는 것보다는 나은 처지다. 이성 부부 가족 아래는 요즘 급증하는 1인 가족이 있다. 1인 가구라는 표현이 정확하며, 종전에 없던 새로운 형태도 아니다. 흔히 독거노인이라고 부르는 사람, 즉 말년에 배우자를 먼저 보내고 혼자 사는 사람이 오래전부터 있었다. 관례상 결혼할 시기인데도 혼자 사는 사람이 많아지면서, 비록 그들에 국한된 얘기지만, 독거

자의 위상이 조금 높아진 것이라고 볼 수 있다. 하지만 결혼하면 아이 하나쯤 낳는 게 당연하다고 여기듯, 1인 가족은 여전히 연로한 부모 속을 썩이는 '미운 우리 새끼', 즉 나이를 헛먹은 철부지에 천덕꾸러기다.

그다음을 차지하는 형태는 다문화 가족일 것이다. 아무리 이성 부부와 아이로 구성된 3~4인 '정상' 가족 형태라도 다문화 가족은 한국에서 '비정상'이다. 한국인의 뼛속까지 각인된 단일민족, 순수 혈통 신화를 넘을 수 없기 때문이다. 제6차 세계 가치관 조사(2010~2014년)에 따르면, 한국(34.1퍼센트)은 다른 인종과 이웃에 살고 싶지 않다고 응답한 비율이 경제협력개발기구OECD 14개국 가운데 터키(35.8퍼센트)에 이어 두 번째로 높았다. 그나마 부부 가운데 코카소이드Caucasoid[4]에 속하는 백인이 있고 직업이 전문직이나 교수, 대기업 간부 등 사회적으로 '어엿한' 취급을 받는 경우라면 '정상' 가족 바로 아래 정도의 대우를 받으리라 기대할 수 있을지도 모르겠다. 하지만 아시아계나 아프리카계라면, 요즘 사랑받는 모델 한현민처럼 가족 가운데 세계적으로 인정받는 일을 하는 사람이 있는 경우가 아닌 한, 차별적 시선을 모면하기 어려울 테다.

그래도 이들은 그나마 나은 처지다. 사지 육신이 멀쩡하기 때문이다. 가족 가운데 신체적·정신적 장애인이 있으면 이들에 대한 시선은 결코 녹록지 않다. 지역에 장애인 시설이나 학교가 들어서려고 할 때마다 주민의 떠들썩한 반대 집회가 언론을 장식하는 실정이다. 그래도 이들은 자기 모습을 숨기지 않는다(혹은 숨길 수 없다)는 면에서 편부모 가족보다 낫다고 할 수 있을지 모르겠다. 어떤 연유에서든 부모가 한 가족 테두리 안에 존재하지 않는 건, 숨길 수 있으면 쉬쉬하며 사는 게 한국에서는 그나마 차갑고 모멸적인 시선을 피하는 길이다.

가족 형태에 따른 서열 밑바닥은 미혼 부/모 가족 차지다. 이들에 대한 시선은 말도 못 할 지경이다. 살을 에는 듯한 추위가 몰아닥친 2018년 1월 어느 날, 한 여성이 자기가 낳은 아이를 아파트 복도에 몰래 두고 달아났다. 조금 뒤에 다시 나타난 여성은 누군가 버린 아기를 자기가 우연히 발견한 양, 품에 안고 경찰서에 가 신고했다. 얼마 뒤 그 신고는 자작극으로 드러났다.[5] 여성은 결국 자기 품 안 온기로 아기의 꽁꽁 언 몸을 녹여줄 것이었으면서 왜 복도에 버렸을까? 자기가 낳은 아기를 우연히 발견했다고 거짓 신고할 때 마음은 어땠을까? 대개 아버지 없는 아기를 낳은 여성의 행실을 무책임하다고 탓하지만, 그를 무책임하게 만든 건 미혼 부/모에 대한 사회의 시선이다. 특히 한국 사회에서 미혼 부/모에 대한 시선은 냉혹하기 그지없어서, 그 사실이 드러나면 미혼 부모와 아이는 거의 모든 것을 잃는다. 배우 윤다훈이 딸을 둔 미혼부라는 사실을 오랫동안 숨긴 채 활동했고, 최고 인기를 구가하던 배우 김승현 역시 미혼부가 되면서 일이 끊겨 힘겨운 생활을 한 사실이 〈아빠 본색〉이라는 프로그램으로 대중에게 알려졌다. 개그우먼 이성미 또한 불과 몇 달 전인 2019년 1월, 방송에서 "미혼모라는 사실이 알려진 후 감당할 수 없는 고통을 받았다"면서 지금 이렇게 방송을 할 수 있다는 게 기적처럼 느껴질 정도로 힘들었던 당시 심경을 털어놨다. 그만큼 미혼모를 힘들게 하는 건, 아버지 역할이나 경제적인 어려움 같은 문제 이전에, 편견과 냉대 같은 사람들의 태도라고 한다.

이를 종합해보면, 한국에서 가족이 '정상' 대우를 받으려면 나름 엄격한 기준을 통과해야 한다는 사실을 알 수 있다. 가족 구성원은 모두 순수 한민족이고, 사지 육신이 멀쩡해야 한다. 부부는 남성과 여성이 결혼이라는 제도를 통해 결합한 뒤 반드시 아이를 낳아야 하며, 아이 역시 그런 공식 제도를 거친 사람에게서 태어나야 '정상'적인 존재로 인정받는다. 이 조건에 하나라도 부합하지 않으면 '비정상'이고, 사람들은 암암리에 나름의 기준에 따라 가족을 서열화한다.

아이 없이 사는 걸 그토록 두려워한 이유는 '비정상' 가족이라는 낙인

더 주목할 사실은 한국에서 '정상' 가족 요건을 가족 구성원 각각에게 요구한다는 점이다. 여기엔 다수결 원칙도, 반올림도 통용되지 않는 듯하다. 구성원 가운데 한 사람이라도 이 조건에 미달하면 그 가족은 '비정상'으로 취급되는 경향이 있기 때문이다. 왜 이런 현상이 생길까. 나는 '정상 가족'의 위상을 공고히 만드는 이런 배타성이 가족 집단과 가족 구성원 개인을 동일시하는 태도에서 비롯된 게 아닐까 한다.

한국 가족의 서열화 특징은 최근에 생긴 일이 아니다. 젠더를 주제로 근대 서사를 연구하는 비평가 권명아는 박완서의 장편소설《그해 겨울은 따뜻했네》를 통해 가족의 계급적 성격을 설명한다. 영화와 드라마로도 제작된 이 소설은 한국전쟁 때 헤어진 가족을 소재로 한 이야기로, 권명아는 가족 이데올로기 관점에서 작품을 분석한다. 어린 수지는 전쟁 통에 고구마를 한 개 더 먹으려고 동생 오목의 손을 놓았고, 그 바람에 오목은 고아가 되고 만다. 오목은 오랫동안 이 집 저 집을 전전하고, 수지와 수철은 잃어버린 동생을 찾으려고 노력한다. 세월이 흘러 이들은 어른이 됐고, 수지와 수철은 우연히 오목을 발견한다. 하지만 이들은 오목을 모른 체하고, 낯선 후원자로서 그저 멀리서 돕는다. 왜 그랬을까?

권명아는 그 이유에 '정상 가족(단란한 가족)' 개념을 적용한다. 아무리 혈연관계라도 고아였던 형제와는 '단란한 가족'이 될 수 없다. 오목은 전쟁 중에 가족을 잃고 혼자 자랐고, 수지와 수철은 그래도 가족이라는 테두리 안에서 함께 자랐다. 성장 배경이 다른 것이다. 경제적인 이유도 있다. 수지와 수철은 부모가 없어도 유산을 바탕으로 부를 일궈 상류층 생활을 즐기는 사람으로 성장한다. 하지만 고아원을 옮겨 다니면서 홀로 자란 오목은 밑바닥 삶을 벗어나지 못했다. 수지와 수철은 "경제적 힘이라는 부모를 갖추고 있으므로 정상적이고 단란한 가족 대열에 합류할 수 있었다"[6]는 점에서 오목과 계급적 차이가 생기고, 이는 '끈끈한 혈연의 정'보다 우선해서 그들의 관계를 규정한다.[7]

수지와 수철(상류층)이 그토록 끈끈하고 특별하다고 믿는 혈연 관계를 무시할 정도로 오목(밑바닥 사람)과 가족이 되기를 두려워하는 한국 가족의 계급성은 가족 구성원을 가족 집단 전체와 동일시하는 데서 비롯한다. 수지와 수철이 그토록 오목을 찾았으면서도 막상 오목을 가족으로 받아들이지 못하는 것은 바로 이 때문이다. 오목은 그저 한 명일 뿐이지만, 사회적으로나 경제적으로 아무 힘이 없는 사람이다. 그런데 바로 그 한 명의 미천한 지위가 나머지 가족의 안정적이고 평온한 삶을 뒤흔들 위협 요소가 된다. 오목 하나 때문에 한국 사회에서 '정상'적인 '단란한 가족'이 단숨에 '비정상' 가족으로 격하되는 것이다. 이는 가족 구성원을 가족 집단과 동일시하지 않으면 불가능하다. 그것도 가장 열등한 구성원을!

이런 현상이 한국전쟁 이후에 생긴 것도 아니다. 조선 시대에는 부모가 모두 양반인 경우에만, 특히 아들을 ('정상') 자식으로 대접하지 않았나. 아버지가 양반이라도 친모가 평민이거나 천민인 경우에는 서자, 얼자라고 부르면서 '비정상'임을 노골적으로 드러냈다. 이런 차별은 열등한 가족 구성원과 가족 집단을 동일시하지 못하도록 막아, 그에 따른 가족 집단의 지위 강등 현상을 미연에 방지하려는 장치라고 볼 수 있다.

가족의 동일시에는 반드시 차별과 소외 같은 배타성이 포함된다. 그 배타성은 '정상' 가족과 '비정상' 가족 같은 집단적 분류 차원뿐만 아니라《그해 겨울은 따뜻했네》의 남매처럼 가족 구성원 사이 개인 차원에서도 발생한다. 내가 배우자의 투병 생활을 앞두고 나 자신에 대한 가치 하락을 느낀 건 영 근거 없는 반응이 아니었다. 내 가족이 투병 생활을 해야 하는 배우자 때문에 '비정상'으로 낙인찍힐 위기에 처했고, 그 상황은 실제로 차별 어린 시선 속에 소외될 수도 있을 만한 근거로 작용하기 때문이다.

——— 이혼한 친구와 내가 이민을 원하는 건 주류로 성공하기 위해서가 아니다

한 친구는 최근 결혼을 되돌리는 힘든 선택을 했다. 친구는 오래 이어진 고통의 시간을 이겨내고 아이와 함께 새 출발을 앞둔 때, 설렘과 걱정이 섞인 목소리로 이런저런 얘기를 하다가 말했다. "알고 보면 주위에도 이혼한 부부가 많은 거 같은데, 이상하게 아이 학교에는 아빠나 엄마랑 둘이 산다는 애가 없어." 친구는 대개 숨기는 것이리라 짐작했다. 친구도 배우자가 일이 바빠서 집에 얼굴을 잘 비추지 못한다고 둘러대며 이혼한 사실을 숨겼다. 아직 어린 나이라 충격 받고 의기소침할까 봐 아이에게도 밝히기를 미룬 상태다.

지금은 이혼이 드문 일이 아닌 시대다. 통계청이 발표한 2017년 한국의 사회지표를 보자. 1980년에 혼인이 약 40만 건, 이혼은 약 2만 4000건인 반면, 2017년에 혼인은 약 26만 건, 이혼이 약 11만 건이다. 단순히 말해 30~40년 전에는 결혼 소식을 100번 듣는 동안 이혼 얘기를 5번 접할 만큼 이혼이 희귀했다면, 최근에는 결혼 소식을 10번 듣는 동안 이혼 얘기를 4번 접할 정도로 이혼하는 사람이 적지 않다는 의미다(물론 결혼을 잘 하지 않는 영향도 크다). 그런데도 가까운 사람의 일이나 누군가에게 은밀히 전해 듣는 경우가 아니면, 이혼한 사람을 찾기 쉽지 않은 건 좀 이상한 일이다.

아이가 없어 학교나 학부모 모임 분위기를 전혀 알지 못하는 나는 요즘 세상에 이혼이 무슨 흠이냐, 부끄러워할 일이 아니고 숨길 것도 없다면서 당당하게 굴라고 말했다. 친구는 모르는 소리 말라고 나를 나무랐다. 아이 가족의 상처를 갖고 뒤에서 수군거리는 분위기인데다, 이혼은 자칫 아이와 자신이 그 무리에서 따돌림당하거나 적어도 이상한 눈초리를 받기 쉬운 일이라는 것이다. 자기야말로 이렇게 아닌 척 행동해야 하는 상황이 싫지만 어쩌겠느냐고, 그래서 미국이나 캐나다 같은 곳으로 이민하고 싶다며 한탄했다.

친구가 미국이나 캐나다를 꼽는 이유는 그곳에서 학창 시절을 보낸 경험 때문이다. 친구는 중·고등학교와 대학을 미국에서 다녔고, 부모님이 그만큼 경제력이 있었다. 몇 층짜리 건물을 통째 회사로 운영한 사업가로, 한국 사회에서 이른바 주류라고 할 수 있었다. 친구 남편도 주류였다. 비록 월급쟁이 직장인이지만 변호사로서 어마어마한 연봉을 받았다.

친구는 한국에서 남부러울 것 없는 주류로 완벽한 '정상' 가족이 되어 살았다. 하지만 지금은 애 딸린 이혼녀가 되면서 '비정상' 가족, 즉 비주류가 됐다. 영미권 국가에 가서 살고 싶어 하는 이유 가운데 하나다. 경제적으로 독립하는 게 당장 발등에 떨어진 불이지만, 이민을 원하는 건 아빠 없는 아이나 이혼녀에 대한 주위 시선 때문이다. 친구 부모님처럼 전문직 경영자 같은 주류는 아니지만, 나와 남편의 부모님도 나름 주류에 속했다. 그와 나도 '정상' 가족에서 자랐고, 결혼 초까지 주류였다. 그런데 투병 생활을 하면서 우리는 '비정상' 가족, 비주류가 됐다. 우리야말로 욜로You Only Live Once[8] 라이프다. 아이 없이 정말 대책 없는 미래를 두고 그저 하루하루 행복에 만족하며 산다. 하지만 나 역시 친구처럼 캐나다 같은 곳에서 살고 싶은 마음이 좀처럼 사라지지 않는다.

어느 사회든 주류가 되기는 무척 어려운 일이다. 어느 시대나 사회든 주류는 배타적이고 폐쇄적인 장벽을 높이 쌓고 새로운 사람이 들어오지 못하게 하고, 자기 이득과 권리를 세습할 방법을 궁리한다. 현재 서구권의 백인이 그렇고, 조선 시대 양반도 그랬다. 하지만 똑같이 주류가 되기 힘들고 엄청난 차별이 있어도, 사람들은 조선 시대에 태어나지 않은 걸 행운으로 여기면서도 서구권에 가서 살고 싶어 한다. 그 차이는 주류가 될 기회가 많고 쉬워서가 아니라 비주류의 삶에 있다. 주류가 되지 않아도 인간으로서 존엄이 보장되는 사회라면 그 사회 구성원은 나름의 삶을 행복하게 영위할 수 있다. 그리고 그런 사회가 지속 가능하다. 서구권이 계속 발전하는 이유일 테고, 조선이 외세의 침략에 속수무책일 정도로 쇠약했던 원인이다.

한국은 '헬조선'이라는 단어가 일상용어가 될 만큼, 그런 면에서 여전히 조선이다. 주류가 되지 않으면 인간으로서 존엄을 보장받기 어렵다. 그래서 한국인은 여태껏 주류에 들어가기 위해 아귀다툼했다. 내가 가장 좋아한 상사 가운데 한 분도 심장은 왼쪽에 있다며 다 함께 잘 사는 사회를 꿈꾸면서도, 정작 본인과 가족이 주류가 되는 데 아주 민감하다.

"대학에 꼭 가야 하나?" 어느 날 조카들 교육에 관해 얘기하다가 동생이 의구심 가득한 목소리로 말했다. "자기가 잘하고 좋아하는 일을 찾아서 하는 게 중요하지, 대학을 꼭 나와야 할까? 요즘 대학 나와도 취직이 잘 안 되고, 취직했다가도 방황하는 일이 많은데…… 게다가 학비까지 생각하면 그 많은 돈을 주고 대학에 다닐 가치가 충분한지 모르겠어. 공부를 아주 잘해서 일류 명문대에 갈 정도가 아니라면……."

동생은 사회적 성공에 별로 관심이 없다. 본인이 딱히 그렇다 할 상태가 아니거니와, 꼭 대단하게 살거나 그렇게 되려고 애쓰지 않고 그저 하루 일상에 만족하며 사는 것도 나쁘지 않다는 경험에서 나온 생각일 테다. 조카들은 지금도 제도권 학교에 다니는 방식이 아니라 비주류의 교육을 받는다. 나도 구세대가 돼가고 있어서인지 동생의 그런 진보적인 생각이 살짝 불안하지만, 고개를 끄덕이지 않을 수 없었다. 욜로, 복세편살,[9] 무민無mean 세대,[10] 휘소 가치[11] 등 요즘 새로 생기는 단어의 추세를 보더라도 비주류로서 그저 자기 삶에 집중하고자 하는 욕구가 커지는 게 사실인 듯하다. 이전 세대와 달리 주류에 들어가려는 욕망이 크지 않거나, 주류가 되는 데 관심이 없는 사람들이 점차 늘어나는 것이다.

이런 사람들의 관심은 주류가 되는 데 넘어야 할 장벽이 얼마나 높은지가 아니라 비주류의 삶이 얼마나 윤택한지에 쏠리게 마련일 테다. 따라서 이런 사람들에게는 주류 근처에 얼씬하지 못하더라도 서구권 사회가 훨씬 살 만한 곳으로 여겨진다. 어차피 조국에서 주류가 되기 어렵다면 비주류라도 '비정상'으로 낙인찍히지 않고 인간으로서 누릴 권리, 즉 삶의 개인적 의미에 자유롭게 몰두할 수 있는 여건이 보장되는 곳에서 행복한 삶을 영위하기가 더 쉬울 테니까.

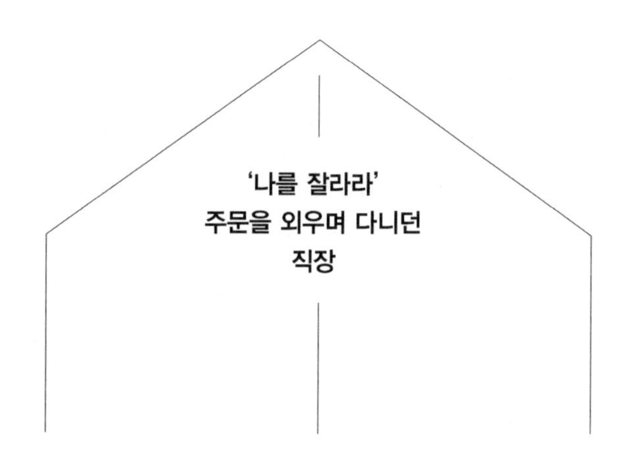

'나를 잘라라' 주문을 외우며 다니던 직장

남편이 말기 암 선고를 받았을 때, 당장 앞으로 생계를 어떻게 유지할까 하는 현실적 공포감이 있었다. 다른 장기까지 전이된 몸으로 직장 일을 계속하는 건 무리였다. 방법은 두 가지, 내가 생활 전선에 뛰어들거나 다른 가족에게 지원을 받는 것이다. 정확히 말하면 다른 가족에게 지원을 받는 건 선택 사항이 아니었다. 내가 생활 전선에 뛰어든다면 다른 가족이 남편의 간호를 맡아야 하고, 내가 남편 옆에 있으려면 다른 가족이 그와 내 생계비를 어느 정도 지원해야 했기 때문이다. 수술하고 보름이 지나 퇴원하고 집으로 돌아오는데, 마침 어느 의원실에서 같이 일하자는 제안을 받았다. 너무 기뻤고 일하고 싶었지만 거절했다. 남편도, 다른 가족도, 나도 당연히 남편 옆에 있는 게 우선이라고 생각했다. 그와 나는 한동안 다른 가족에게서 경제적 지원을 받아야 했다.

하지만 가족 가운데 엄청난 부자가 있다면 모를까, 이 방법은 오래가지 않는다. 그래도 꽤 오래 버텼다. 3년쯤 지나자 더는 부모님께 경제적 지원을 받을 수 없었다. 내가 다시 취직해야 했다. 경력 단절의 벽은 알려진 것처럼 높다. 수십 군데 이력서를 넣고 수십 번 면접을 봤지만, 예전 직장에 복귀하기는 쉽지 않았다. 조건을 따지기는커녕, 경력에 비해 부족한 직급으로 낮추고야 일할 수 있었다. 그러다 보니 다시 일한다는 기쁨은 잠시였다. 얼마 지나지 않아 불만이 커지고, 일과 관련한 다른 사소한 상황에도 쉽게 거부감이 생겼다.

그렇다고 일을 그만둘 수는 없는 노릇이다. 이건 아니다 싶은 생각이 들었지만, 이 일은 내가 아니라 내 월급으로 생활할 가족을 위한 것이기 때문이다. 일을 그만두면 나뿐만 아니라 다른 가족까지 난감해진다. 비단 생계 문제가 아니다. 독립은 사실 경제적 독립에서 출발한다. 한 가족을 이룬 성인 남녀가 아무리 가족이라도 다른 사람에게 물리적 생존을 의지하면 심리적으로 위축되고 자존감이 떨어진다. 더없이 고맙지만, 늘 당당하지 못했다. 그때 나는 사방이 낭떠러지인 절벽에 혼자 서 있는 것 같았다. 일을 할 수도 없고, 그만둘 수도 없는. 나는 사직서를 가슴에 품고 다니는 대신 '나를 잘라라, 나를 잘라라' 주문을 외우면서 매일 아침 집을 나섰다.

상사에 치이고, 후배에 치이고, 거래처에 자존심을 팔면서 당장 때려치우고 싶은 심정을 가슴에 품고 다니는 사표로 대신한다는 한국의 가장들 마음이 이럴까. 우연히 어느 소셜 미디어에서 어렵게 대기업에 입사한 청년이 10년 전 아버지 마음을 이제야 알겠다는 고백을 보고 서글펐다. 취직하면 무슨 일이든 할 수 있을 것 같던 기대와 달리, 막상 산더미 같은 일에 실적 스트레스, 숨 막히는 위계질서와 맞닥뜨리니 직장 생활에 회의가 들었다고 한다.

그러던 어느 날 지친 몸을 이끌고 집으로 돌아오다가 우연히 빵집이 보이는데, 자기도 모르게 엄마와 동생이 좋아하는 빵을 고르더라는 것이다. 정작 그는 빵을 좋아하지 않아서 누가 줘도 잘 안 먹는데도. 엄마와 동생이 반색하며 갑자기 무슨 빵이냐고 물어도 아무 말 없이 방으로 들어가는데, 문득 어릴 적 아버지가 당신은 입도 대지 않는 주전부리를 식탁에 올려놓고 아무 말 없이 방으로 들어가던 기억이 떠올랐다고 한다. 그런 날은 아버지가 평소보다 힘들고 지친 날이었으리란 사실을 이제야 깨달았다고, 아버지도 지금 자신처럼 힘든 직장 생활을 해야 할 이유를 가족에게서 찾으려고 한 것 같다고 털어놓았다.

가족을 위해 희생하는 아버지, 그런 헌신적인 모습에 가족은 커다란 감사를 느낀다. 많은 한국인이 그 은혜로운 모습에 말을 잇지 못할 정도로 공감하고 감동한다. 그러나 감사한 마음 한편에 죄책감이 있는 것도 사실이다. 자기 생계를 의지함으로써 본의 아니게 아버지가 당신이 원하는 삶을 영위하지 못하게 가로막는 데서 오는 미안함이다. 그 때문에 우리는 고마워할 뿐, 아버지 앞에서 당당하지 못하다. 아마 그렇게 희생하는 모습에 감동하고 고마워할 때 저절로 숙연해지는 건 바로 이 때문일 테다. 가족은 가족을 위해 희생하는 이 앞에서 당당하지 못하고, 아버지는 가족이 행복해하는 모습을 지켜보며 '대리' 만족한다. 아버지의 만족도, 당당하지 못한 가족의 행복도 진짜 자기 것이라고 여기기 어렵다. 결국 서로를 생각하는 갸륵한 마음만 가득할 뿐, 행복한 사람은 아무도 없다.

강사로 일하던 대학을 그만두고 대리운전으로 어린 딸과 아내의 생활비를 벌며 동시에 논문을 쓰려고 아등바등한 《대리 사회》의 저자는 한국 가족이 살아남으려면 각자 '대리 인간'을 찾아야 한다고 주장한다. 그는 이런 방식이 이미 자리 잡았다고 꼬집는다. 남편은 아내나 부모에게 자신이 해야 할 아버지 역할을 대신해달라고 '구걸'[12]하고, 아내는 자녀에게 자기 꿈을 대신 이뤄달라고 강요한다. 자녀도 부모에게 자기 인생을 대신 책임져달라고 요구한다. 나 역시 부모에게 내가 해야 할 역할을 대신해달라며 의지했다. '희생'이라는 아름답고 고결한 명칭을 붙여서!

서로가 서로의 대리 인간이라면, 자연히 가족 구성원의 성공은 곧 자기 것이라고 여기게 될 수밖에 없지 않을까. 그 성공에는 자신이 가족 안에서 해야 할 역할을 대신한 배우자나 부모, 자녀의 몫이 분명히 있기 때문이다. 자기 욕망을 대신 이룬 자녀의 성공을 자기 것으로 착각하는 동일시는 한국에서 당연한 귀결이다. 가족을 한 인격체로 보는 게 외부의 사회적 시선이라면, 서로를 서로에게 의존해야 삶을 지탱할 수 있는 현실적 여건은 가족 구성원을 자기와 동일시하게 만드는 무의식적 관념을 촉진하는 요인이라고 할 수 있을 테다. 그렇다고 내가 만족스러운 것도 아니다. 대리 인간이 된 사람도, 누군가를 대리 인간으로 만든 사람도 행복하지 않다.

10여 년 전에 나는 아이 없는 '비정상' 가족으로 추락할 일이 무척 두려웠지만, 지금 돌아보면 아이가 없는 게 그나마 다행이었다. 아이가 있었다면 나는 남편 간호와 생계유지에 육아까지 떠맡아야 했을 것이다. 《대리 사회》의 저자 역시 몸이 아프지 않아 다행이었다. 저자가 아팠다면 그 아내는 육아에 남편 간호와 생계유지까지 떠맡아야 했을 테니까. 가족이 마지막 보루인 한국 사회에서 가족을 이루는 요소 가운데 하나라도 비정상이 되면 그야말로 빠져나올 수 없는 늪에 빠지는 셈이다. 그런 가족을 비정상으로 간주하고 낮춰 보는 시선이 생기는 건 어쩌면 당연하다.

최소한의 인간적 삶을 위해 각자도생하는 '우리'

생계유지든 간호든 육아든 자기 몫을 다른 가족에게 전가해야 하는 상황이나 자기 일에 대한 만족감을 가족이 행복해하는 모습으로 대신하는 아버지, 이처럼 한국인이 가족을 자기 아바타로 만드는 이유는 달리 다른 방법이 없어서다. 따라서 생애 첫 번째 사회집단이자 최소 집단인 가족이 똘똘 뭉쳐 살아남을 수 있는 방법을 찾는 것일 테다. 이른바 각자도생이다. 한국 사회는 왜 이렇게 각자도생하는 구조가 됐을까? 많은 학자와 전문가들이 그 원인을 '한강의 기적'으로 꼽는다.

한국전쟁으로 폐허가 된 땅에 부랴부랴 민주주의와 자유 시장 경제 체제를 수입했지만, 잘사는 나라들이 채택한 체제를 도입했다고 저절로 잘살 수는 없다. 지긋지긋한 가난에서 벗어나는 것은 물론이고, 저만치 앞선 열강에게서 한국을 지키려면 경제적 힘부터 길러야 했다. 내가 부모한테 경제적 지원을 받을 때 느낀 점과 마찬가지로 국가의 독립 역시 경제적 힘에서 나온다. 한국은 빠른 시간에 힘을 기르기 위해 '선경제 후복지'를 기치로 내걸었다. 먹을 게 없고 못살던 시대에 일단 먹거리 만드는 데 국가의 가용 자원을 집중하자 해서 복지는 미뤘다. 국가가 제공해야 할 복지를 급한 대로 민간(개인, 가족)이 알아서 하도록 하는 전략을 택했다. 월급을 주는 사용자, 즉 기업은 국가 역할을 일부 부담하는 대신 특혜를 받았다. 국가와 기업이 주고받은 것이다.

한국에서는 오래 일할수록 급여가 올라간다. 일을 잘하건 못하건, 생산성과 급여는 상관관계가 크지 않다. 왜 그럴까. 나이를 먹을수록 부양가족이 생기고, 자녀 양육비가 들며, 노부모의 의료비를 부담하기 때문이다. 이런 비용은 선진국이 될수록 사회가 부담하는 부분이 커진다.

사회학자 송호근에 따르면, 한국의 이런 독특한 복지 형태를 개인이 받는 복잡한 급여 명세서에서 확인할 수 있다. 서구의 연봉

개념은 성과에 기초해서 단순한 반면, 한국의 급여에는 주택이나 학자금, 가족수당 같은 항목이 많아 복잡하다. 어디 그뿐인가. 대기업 중에는 심지어 계열사가 아닌데 단지 '가족' 같은 그룹사라고 백화점, 자동차 등 타사의 상품과 서비스를 각종 할인 금액으로 이용할 수 있도록 편의를 제공하는 경우도 있다. 복지 성격의 이런 사소한 제도까지 더하면 민간 영역에서 스스로 챙기는 복지는 결코 적다고 할 수 없다. 송호근은 한국 기업의 복지 체계가 "명절 상여금, 휴가비, 학자금, 전세나 월세 자금 대여 등 현금 보상을 위시해 병원, 사원 주택, 휴양 시설, 체육관, 소비조합 등 시설 복지까지 진화"[13] 했다고 지적한다.

이런 방식에도 나름의 장점이 있겠지만, 개인이 처한 위치에 따라 복지 혜택의 차이가 지나치게 큰 현상은 사회적 문제가 된다. 그런 복지 혜택을 제공하는 조직의 직원과 그런 조직에 들어가지 못한 수많은 사람들의 차이는 정규직과 비정규직 사이 차별이나 위화감과 견줄 수 없을 정도로 심각하고 중요한 문제일 것이다. 더욱이 이런 상태라면 정규직 역시 안심하기 어렵다. 어떻게든 그 조직에 끝까지 남아야 한다. 민간이 복지를 제공하는 주체인 이상 그런 조직에 들어가야 하고, 나아가 거기서 어떻게든 살아남아야 자신은 물론 가족 모두 생존할 수 있기 때문이다. 거기서 도태돼 조직 밖 사회로 내몰리는 순간, 나락을 피할 수 없다.

이런 구조에서는 내가 그랬듯이 '이건 아닌데, 이건 아닌데……' 하면서도 그만둘 수가 없다. 직업을 통한 자아실현은커녕, 부당한 경쟁을 유도하는 '갑질'을 당하거나 목격해도 조직 밖으로 밀려나지 않기 위해 참아야 한다. 여기저기 대리 콜을 불러 대리 기사들을 경쟁시키고 먼저 온 기사와 함께 말없이 가버리는 손님, 그런 손님을 뒷좌석에 앉혀놓고 뒤늦게 뛰어와 헐떡거리며 차 주인을 찾는 다른 대리 기사를 후방 거울로 보면서 '나만 아니면 돼'라고 안도의 숨을 내쉰《대리 사회》 저자처럼. 그 자신은 물론, 그만 바라보는 가족을 생각하면 함부로 그 손님의 비열한 태도를 따지고 거부할 수 없다. 각자도생하는 사회구조에서 누가 그런 대리기사의 태도를 비난할 수 있을까.

인권 탄압과 독재 등 비민주적 관행은 분명 반성해야 할 일이지만, 전쟁의 폐허 위에 '선경제 후복지' 기치를 내건 상황을 전혀 이해하지 못할 일은 아니다. 덕분에 '한강의 기적'을 이뤘고, 세계열강의 힘이 첨예하게 작용하는 분단 상황에서 그나마 한국의 목소리를 낼 수 있게 된 게 사실이다. 우리가 더 무겁게 받아들여야 할 일은 세계에서 열 손가락 안에 들 만한 경제성장을 이룬 지금도 그 풍요라는 빛이 만든 어둠을 없애는 방향으로 향하지 못하는 현실 아닐까.

경제가 발전하면서 민간(기업, 개인)에게 미룬 복지 제공을 국가가 가져가야 하는데, 이 일을 계속 미루면 사회 구성원이 임금을 생산성에 따른 노동의 값이 아니라 복지 수단으로 인식하는 경향이 점점 커진다. 최소한의 생활을 보장하는 수단이 국가가 제공하는 복지 서비스가 아니라 임금이어야 한다고 믿으면, 고용자에게 그 책임을 물으면서 각자 입장에 따라 민간끼리 투쟁하는 상황이 된다. 그런 사회 구성원의 태도에 따라 국가는 복지 서비스를 제공하는 일보다 민간(고용자)을 압박하는 일을, 그것이 마치 국가가 해야 할 첫 번째 일인 양 강화하고 우선하기에 이른다. 국가의 복지 서비스 제공 문제는 개선되지 않고, 각자도생만 심화되는 것이다.

2차 세계대전이 끝난 70여 년 전, 독일과 스웨덴도 한국과 비슷한 상황이었다고 한다. 이들이 그 문제를 해결한 방식이 오늘날 한국인이 선망해 마지않는 복지 천국의 바탕이 됐다고 해도 과언이 아닐 테다. 그 핵심에는 국가의 역할이 있었다. 생산성 저하로 임금 비용을 낮춰야 하는 기업과 일자리를 잃으면 곧바로 생존의 위협에 처하는 노동자 사이에서 독일과 스웨덴 "정치권은 범국가적 차원의 유연 안전망 가설을 국민에게 호소"하고, "해고 노동자에게 월급에 맞먹는 생계비와 재취업 훈련"[14]을 제공하며 사회보험을 확대했다. 갈등하는 부분에 공권력이 개입해서 기업이나 노동자 어느 한쪽에 힘을 실어주는 방식이 아니라, 기업이 경쟁력을 확보하도록 여지를 주고 노동자에게는 특정 기업에 소속되어야만 생존할 수 있는 경직적 삶의 방식에서 벗어나도록 사회적 안전망을 조성했다는 것이다. 이렇게 삶의 책임과 부담을 국가가 나눌 때, 개인은 가족을 서로의 아바타로 삼는 데서 벗어나 자기 행복을 당당하게 느끼며 자기 삶을 영위할 수 있을 것이다.

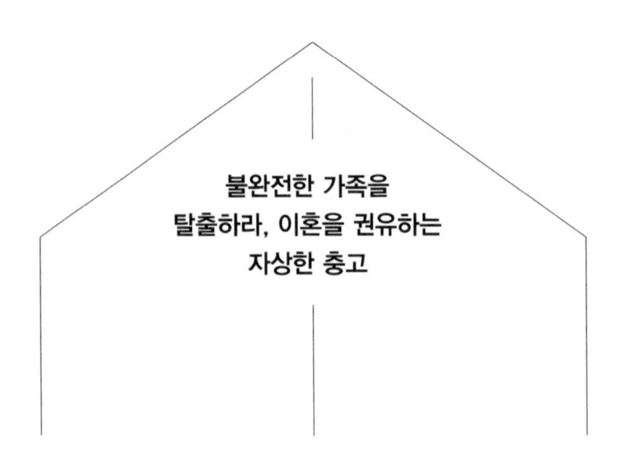

불완전한 가족을 탈출하라, 이혼을 권유하는 자상한 충고

"아, 나라면 이혼할 것 같아……."

남편의 투병 생활이 알려지자, 주위 사람들의 위로와 격려가 이어졌다. 나와 비슷한 상황에 처한 사람 얘기를 들려주며 자상하게 조언해주는 이들도 있었다. 참 고맙고 실제로 많은 힘이 됐다. 그런데 그중에는 나를 적잖이 놀라게 한 내용도 있었다. 바로 이혼을 권하는 말이었다.

경황이 없어서인지 모르겠지만, 나는 그 말을 듣기 전에는 이혼이 내가 취할 수 있는 선택지에 있으리라고 생각지도 못했다. '이혼이라고?' 나는 깜짝 놀랐고, 이내 말도 안 된다고 결론지었다. 생존율이 높지 않은 병에 걸린 사람을 내버려두고 어찌 나 혼자 살자고 떠날 수 있단 말인가. 게다가 좋다고 결혼을 먼저 서두른 내가! 그는 미래에 대한 불확실성이 조금 더 커졌을 뿐이다. 그런 상황이라고해서 그를 떠난들, 세상에 미래를 확신할 수 있는 사람이 있을까. 지금 아무리 멀쩡해도 미래에 어떻게 될지는 모르는 게 사람 일 아닌가.

"아니, 어떻게 그런 말을 할 수가 있어. 정말 기분 나빠서. 형한테 실망했어."

얼마 뒤 친정에 갔더니 아버지가 불쾌한 기색이었다. 형들에게 사위 소식을 전하니 한 분이 아직 결혼한 지 얼마 되지 않았으니 이혼시키라고 했다는 것이다. 아버지는 몹시 불쾌해했다. 형이 당신 사위를 헤어지게 만들어야 할 만큼 못난 사람으로 본 것이라고 받아들였기에 그토록 마음이 상한 모양이었다. 나는 이미 그와 비슷한 조언을 받아서인지, 큰아버지가 그런 말을 했다는 얘기를 듣고도 아무렇지 않았다. 그렇게 생각할 수도 있겠거니 하면서 아버지가 너무 예민하게 받아들이는 것 같다고 여겼다.

한국의 가족과 사회를 염두에 뒀다면, 아버지도 그렇게 기분 나쁘지 않았을 듯싶다. 그런 조언은 누구를 업신여겨서가 아니라, 나와 아버지의 생존을 위해 선택할 수 있는 최선의 방법을 알려주고자 한 것일 수 있기 때문이다. 한국에서는 가족이 사회 구성원의 마지막 보루 역할을 한다고 알려졌다. 한국에서 가족 없이 홀로 살아가는 건 상상하기 힘든 일이다. 건강하고 생계 수단이 있으면 그럭저럭 살 수 있지만, 치료에 전념해야 할 병에 걸리거나 생계 수단을 잃으면 그야말로 살길이 막막해진다. 각박한 세상이라는 말이 표현하듯, 타인에 대한 신뢰가 낮은 사회에서 한국인은 가족을 그나마 믿고 의지할 수 있는 유일한 대상으로 삼는다.

가족이 마지막 보루이기에, 가족 안에서 문제가 발생하면 가족 구성원 모두 절박한 위기에 처한다. 그때 취할 수 있는 방법은 두 가지다. 가족 구성원이 똘똘 뭉쳐서 그 위기를 극복하는 데 자기 삶을 걸거나, 위협 요인(문제를 일으킨 가족 구성원)을 제거하거나. 치매나 중증 질환을 앓거나 장애가 있는 가족을 그 생계나 간병을 책임지는 다른 가족이 죽이거나 죽이려 하는 안타까운 사건이 바로 문제의 가족 구성원을 제거하는 방식에 해당할 테다. 대개 오랜 세월 그 문제를 혼자 떠안고 버티다가 번아웃burnout(탈진) 되거나 사고, 실직, 질병 등으로 감당하기 힘든 상황에 처할 때 이런 극단적인 선택을 한다.

이는 결코 혼자 잘 살려고 저지르는 일이 아니다. 대부분 가족을 죽이고 자신도 죽으려 했다고 자백한다. 최근 언론에 보도된 70대 노인처럼 수십 년 동안 자신이 간병하던 아내를 죽이고, 자신도 죽으려다가 미수로 끝난 채 경찰에 붙잡히는 사건을 적잖이 접하지 않는가. 아버지나 내게 지인들이 권유한 이혼도 그와 같은 종류의 방법이다. 자칫 친정 가족 전체를 불행에 빠뜨릴 수 있는 위협 요인을 제거하라는 의미였다. 나는 이 사실을 한참 지난 뒤에야 깨달았다.

가족을 위협하는 요인을 제거하는 방식은 다양한 상황에서 여러 가지로 나타난다. 배우자는 물론 부모와 형제, 심지어 자녀까지 그 대상도 가리지 않는다. 1960년대 미국을 배경으로 한 도리스 레싱의 소설《다섯째 아이》는 가족의 행복을 방해한다는 이유로 친자식을 배제하고 소외하는 부모의 모습을 보여준다. 주인공은, 젊은이 사이에서 자유연애가 활개를 치는 1960년대 미국 사회 분위기에 아랑곳하지 않고, '행복한 가족 이루기'를 삶의 이유이자 목표로 여기는 해리엇과 데이비드 부부다. 이들은 미국의 전통적인 가족이 그렇듯 무리해서라도 교외에 커다란 집을 구하고, 아이가 생기면 낳는다. 남편 데이비드는 아이들과 즐겁게 놀아주고, 임신한 아내를 거든다. 아내 해리엇은 무거운 몸을 이끌고 기꺼이 집안일을 전담하며 아이들을 돌본다.

하지만 이들이 감당할 수 있는 아이는 넷째까지였다. 아이들 뒷바라지에 지쳐가던 부부는 다섯째 임신을 원치 않았다. 부부는 아이가 배 속에 있을 때부터 그 마음을 투영한 색안경을 끼고 아이를 문제아로 규정한다. 그렇게 태어난 벤은 유난히 힘이 세서 엄마를 힘들게 하고, 난폭한 태도로 다른 가족에게 두려움을 불러일으킨다. 벤은 그들이 낀 색안경처럼 해리엇과 데이비드의 '행복한 가족'을 무너뜨리는 위협적인 문제아로 등장한 것이다. 해리엇과 데이비드, 그리고 벤의 다른 형제들은 벤을 받아들이지 못한다. 집 안에서 줄곧 벤을 소외하던 가족은 마침내 벤을 제거하기로 결심한다. 수용 시설로 보내는 것이다. 벤처럼 '행복한 가족'의 유일한 골칫덩이로 취급받는 각 가정의 아이들을 모아놓은 곳이다. 벤이 그곳에서 더욱 포악해지고 괴로워하자, 이를 보다 못한 해리엇이 다시 집으로 데려온다. 하지만 '행복한 가족'은 여전히 벤을 외면하고 소외하고 배제하다가 결국 해체되고 만다.

이 이야기가 소설이라면, 현실은 더 잔인하다. 언쟁은커녕 늘 평화로운 모습을 유지하는 가족이 있었다. 전형적인 현모양처와 성실한 가장, 고분고분하고 얌전한 형제. 큰아들이 음악을 하겠다며 고등학교를 중퇴했다가 얼마 뒤, 돌연 음악을 포기하고 검정고시로 사립대에 진학하면서 문제가 불거졌다. 아들은 두 해를 넘기지 못하고 대학도 중퇴했다. 이 과정에서 부모는 아들을 꾸짖고 설득하기를 반복했는데, 진짜 문제는 대학을 중퇴하고 나서 벌어졌다. 아들은 집에 처박혀서 술을 마셨고, 엄마에게 폭언하기 시작했다. 부모 때문에 자기 인생이 망가졌다면서 원망을 쏟아내고, 욕하면서 물건을 때려 부수고, 갈수록 난폭해졌다.

놀란 엄마는 정신과 의사를 만나고 여러 가지 상담을 받았지만, 아들이 나아질 기색이 보이지 않았다. 오랫동안 고민하던 엄마는 결심한다. '아들을 죽이는 방법밖에 없겠구나.' 아버지도 동의한다. '집안을 살리는 길, 큰아들뿐만 아니라 다른 자녀를 위하는 길은 그 방법이 유일하다. 그게 부부의 임무이자 부모의 책임이다.' 엄마는 날카로운 식칼을 샀다. 실패할 경우를 대비해 몇 개 더 준비했다. 아버지는 아내가 건네준 칼을 아들의 가슴에 찔렀다. 칼이 부러지자 엄마는 여분으로 준비한 새 칼을 남편에게 건넸고, 동시에 장난감 총으로 아들의 머리를 내리쳤다. 부부의 계획은 성공했다.

꾸며낸 얘기 같지만, 수십 년 전 일본을 떠들썩하게 한 실화다. 일본의 정신의학자 사이토 사토루가 《가족이라는 이름의 고독》

에 이 에피소드를 소개했다. 부부가 잔인한 소시오패스일 것 같지만, 그들은 지극히 성실하고 평범한 사람이라고 한다. 사이토 사토루에 따르면, 그들이 이런 끔찍한 일을 저지른 건 "전망 밝은 건전한 가정"을 유지하고 만들기 위해서다. "장남을 고난에서 구제하며 막내의 장래 화근을 뽑아버"리고, 가족의 평화를 찾기 위한 "자상한 살인"[15]이다. 삭막한 세상에서 나와 소중한 다른 가족 구성원을 지켜야 할 최후의 보루가 역설적으로 그 가족을 '우리' 밖으로 내쫓아 제거하고 마는 것이다. 하지만 가족을 지키기 위한 이런 노력도 가족의 해체로 귀결됐다. 성실한 가장으로서 최선을 다하려 한 그 아버지는 좋은 직장과 명예를 잃고 교도소에 들어갔다. 막내는 이 사건으로 큰 충격을 받아 부모를 멀리하고 기숙학교에 머무른다고 한다.

나 역시 이혼으로 위험 요인을 제거한들 가족 해체와 함께 나락으로 떨어지는 것을 피할 수 없기는 마찬가지였다. 이혼이 가족의 해체를 의미하며, 이혼녀라는 낙인은 한국의 견고한 가족 계급에서 추락을 예고하지 않는가. 각박하고 위험천만한 세상에서 나를 지킬 마지막 보루인 가족 안에 문제가 생기자, 나는 절벽 끝에 서 있는 심정이었다. 이혼이냐, 간병이냐. 어차피 큰 차이가 없으리란 걸 막연히 느끼며 절박한 베팅을 해야 했다.

가족은 화목하고 완전한 것이라는 환상의 역설

아버지 고향은 황해도다. 한국전쟁 때 마을의 공산당원들이 협조하지 않는 주민들을 괴롭히고 위협하자, 한밤중에 배를 타고 남쪽으로 왔다. 아버지 가족은 마을 사람들과 함께 도망쳤는데 이를 알아차린 공산당원들이 뒤쫓았다. 달아나는 사람들의 심장이 고동치는 것은 뜀박질 때문이 아니었다. 공산당원들이 뒤에서 총을 쏘며 달려들었다. 먼저 배에 탄 사람들은 총격이 가까워지자 서서히 출발했다. 뒤따르던 사람들은 첨벙거리며 서둘러 배에 탔다. 그런데 마지막 무리 가운데 갓난아기를 업고 뛰는 할머니가 있었다. 할머니는 맨 뒤에서 무리를 겨우 따라가고 있었다. 제때 배에 타지 못한 할머니는 손주를 업고 물속에 첨벙거리며 배를 향해 뛰었다. 총알은 이제 바닷물 위, 배의 지척으로 떨어졌다. 할머니 앞에서 먼저 올라탄 며느리가 시어머니를 향해 두 팔을 뻗었다. 하지만 그녀의 양손에는 할머니가 업은 아기가 있을 뿐이었다. 멀어지는 배에 탄 사람들은 할머니가 총에 맞았는지, 물에 빠졌는지 확인할 수 없었다. 배 위에는 정적이 흘렀다.

그 할머니는 평판이 좋지 않았다고 한다. 며느리와 관계도 원만하지 않았는데, 평소 마을 사람들은 그 할머니가 며느리에게 너무 시집살이를 시킨다고 웅성거렸다. 그런데 피란길에서 할머니에 대한 평판은 백팔십도로 바뀌었다. 사람들은 할머니의 사소한 장점을 찾아내 칭찬하기 시작했다. 못된 시어머니는 점점 가족을 위해 헌신한 어머니가 됐다. 피란길에 배를 타지 못한 것도 자기 대신 손주를 살리려는 할머니의 위대한 희생이라고 말했다. 가장 적극적인 사람은 그 며느리였다. 함께 지낼 때 시어머니에게 품은 불만과 원망은 어머니의 뜻을 헤아리지 못한 못난 자기 자신에 대한 자책으로, 한편으로는 위대한 어머니의 과분한 시혜에 대한 감사와 찬사로 바뀌었다. 당시 열 살도 되지 않은 아버지가 이런 모습을 기억하는 걸 보면, 어린아이가 느끼기에도 기이했던 모양이다.

프로이트에 따르면, 이런 이율배반적인 변화는 지극히 자연스러운 현상이다. 인간에게는 죄의식을 느끼는 대상을 함부로 할 수 없는, 어떤 고결하고 거룩한 것으로 만들어 죄책감과 공포에서 벗어나려는 심리가 있다. 자기 아이만 쏙 잡아채고 시어머니를 총알이 빗발치는 차가운 바닷물에 남겨둔 며느리가 시어머니에 대해서 이전과 백팔십도 다른 태도를 보이는 것은 자연스러운 심리인지도 모른다.

그런데 마을 사람들은 어째서 못된 시어머니를 위대한 어머니로 둔갑시키는 데 동참했을까? 그들 역시 죄책감 때문이다. 총알이 빗발치는 데서 죽어가는 사람을 거기 내버려두면 곧 죽으리란 사실을 알면서도 자기가 먼저 살아야 했기에, 모르는 척할 수밖에 없었다. 할머니가 죽을 것을 알면서 할머니를 구하려고 시도한 사람이 아무도 없었듯이. 심지어 남편도, 아들도, 형제도! 그 장면을 지켜본 모든 사람, 즉 살아남은 사람은 전쟁의 피해자이면서 형제자매 혹은 이웃을 죽거나 다치게 한 가해자다.[16] 이런 집단 죄의식을 스스로 달래려는 심리가 그 할머니를 가족을 위해 헌신한 희생자로 만들고, 위대한 어머니로 추앙한 이유일 테다.

이런 경험을 한 사람들에게 가족(집단)을 위한 누군가, 가령 어머니의 희생은 '완전한 가족' 그래서 '화목하고 행복한 가족'을 이루기 위해 필요한 것으로 각인된다. 가족은 자신이 유일하게 기댈 수 있는 보루이자, 가장 훼손되기 쉬운 만큼 소중하고 귀한 것이기 때문이다.

아버지의 가족도 공산당을 피해 남쪽으로 오면서 깨졌다. 어떤 일 때문에 잠시 멀리 있던 큰형이 함께 오지 못했다. 큰형은 생사조차 알 수 없고, 쌍둥이 여동생은 나뭇가지를 짓이겨 먹으며 버텨야 하는 피란 생활을 이기지 못하고 굶어 죽었다. 아버지 가족은 이미 훼손됐지만, 언제 닥칠지 모르는 위험에서 남은 가족이라도 '완전하게' 지켜야 한다는 할아버지의 강박적 의무감은 오랫동안 지속됐다. 할아버지는 자식들이 다 커서 각자 가정을 이뤄도 모여 살도록 큰아버지 집 근처로 불러들였다. 그래야 언제 닥칠지 모르는 위험, 위기에 처해도 이산가족이 되는 가족 훼손을 막을 수 있다고 믿은 것이다.

훼손된 가족 안에서 졸지에 장남이 된 큰아버지는 어린 동생들을 먹여 살리기 위해 '어쩔 수 없이' 희생해야 했고, 아버지를 비롯한 동생들은 그런 형에게 절대복종했다. 각자 의견과 바람이 있지만, 둘째 큰아버지 이하 형제는 아무도 그것을 드러내지 않았다. 아니 드러낼 수 없었다는 말이 맞을 테다. 그 복종은 아버지를 대신하는 형에 대한 순종으로 유교적 가치관에 기인한 것이지만, '희생'하는 형에게 드는 죄책감에 '어쩔 수 없는' 것이기도 했다.

형과 동생들의 이런 관계는 몸에 완전히 배었고, 어느 순간 자신을 위해 희생한 형에 대한 복종은 그런 형을 위한 동생들의 희생으로 변질됐다. 큰형의 요구나 지시와 다른 의견이나 바람을 드러내는 건 불가능했기 때문이다. 우리(동생들)를 위해, 가족을 위해 배려하고 희생하는 사람(큰형)에게 반대하는 것은 배은망덕하기 짝이 없는 일이다. 동생들뿐만 아니라 큰 아버지 자기 자신도 그렇게 생각했다. 하지만 희생하는 형에게 고맙고 미안한 마음 때문에 드러내지 못한 의견과 바람은 불만으로 차곡차곡 쌓였다.

큰아버지와 아버지를 비롯한 형제들이 다른 사람들에게 내세우는 가장 큰 자랑은 '화목한 가족'이다. 아버지 가족은 고향을 떠나오면서 함께 고생한 사람들 사이에서 그 힘든 상황에서도 형제간 우애를 돈독하게 지킨, 여러 사람이 모범으로 삼을 만한 바람직하고 흐뭇한 가족으로 정평이 나 있다. 하지만 그 모래성 같은 '화목한 가족'은 아버지 대에서 끝날 것이다. 큰아버지 앞에서 드러내지 못한 의견과 바람은 각자 꾸린 가족 안에서 불평불만으로 터졌고, 그것을 듣고 자란 자식들은 이제 그들을 가족이라고 여기지 못하기 때문이다. 가족을 위한 희생으로 점철된 아버지 형제의 화목한 가족은 그 자식들에게 이를테면 '환장할 가족'이 된 것이다. 실은 그 자신들에게도!

각박한 세상에서 단란하고 포근한 위안을 얻을 곳은 가족뿐이라는 믿음이 강할수록, 가족을 그렇게 배타적으로 성스러운 것으로 만들수록 '우리' 가족 밖 세상은 점점 더 위험하고 고역스러운 곳이 된다. 무엇보다 사회 구성원이 가족을 그렇게 배타적으로, 특별하게 여길수록 가족 안에서 문제가 생기면 그 구성원 모두 절망 속으로 추락하는 것을 피할 수 없다. 화목한 가족이란 환상이 클수록 그 가족은 서로에게 환장할 가족이 될 수밖에 없지 않을까.

갈등에 대한 죄책감 증후군

나는 어릴 때 줄곧 착하다는 얘길 들으면서 자랐다. 친구들이 나를 좋아하고, 어른들이 나를 칭찬한 건 내가 착해서다. 나는 어릴 때 '나'라는 게 없었다. 좋다 싫다는 생각이 없었고, 내가 꼭 갖고 싶거나 아끼는 것도 별로 없었다. 그래서 별다른 거부감 없이 어른들이 시키는 대로 고분고분했고, 친구들에게도 양보하면서 하자는 대로 했다. 그런데 때때로 이용당하는 것 같은 기분이 슬쩍 들기도 했다. 친구들이 나를 끼워주고 어울리지만, 함께 노는 기분이 들지 않았다. 집에 돌아오면 뭔가 찜찜하고 기분 나쁜 느낌이 남았다. 하지만 별로 개의치 않았다. 그 기분이 뭔지, 왜 생기는지 잘 몰랐기 때문이다.

어느 순간 집에 돌아왔을 때 느끼는 그 찜찜한 기분이 점점 불쾌했고, 친구들과 함께 있던 시간을 돌아보면서 그때 내 반응에 후회가 생기기 시작했다. 이렇게 반박했어야 했는데, 저렇게 거절했어야 했는데…… 아무 말도 하지 못한 나 자신이 답답했고, 친구들에게 화가 났다. 엄마가 시키는 일에 말대꾸하면서 반항한 것도 그즈음부터다. 아마 그때 '나'라는 게 생긴 듯하다. 그 '나'라는 것은 가장 먼저 가족에 대한 불만으로 나타났다. 고등학교 다닐 때 내 일기장을 보면, 엄마 아빠와 내가 너무나 귀여워하고 좋아하던 동생에 대한 불만이 가득하다. 그런데 나만 그런 건 아닌 모양이다. 지금까지 가깝게 지내는 친구들은 그때 방과 후 집에서 전화통을 한 시간씩 붙잡고 서로 자기 가족에 대한 불만을 털어놓으며 공감했던 아이들이다.

돌아보면 가족에게 미안하고, 나 자신도 머쓱한 모습이다. 그런데 정신 발달 측면에서 보면, 이는 지극히 정상적인 과정이다. 어린아이에게 가장 이상적이고 완벽한 영웅이던 부모, 그 부모가 들려주는 이상적이고 완벽하며 단순한 동화 같은 세상의 일에 대해 의심하고 따지고 비판하면서 현실을 인식하기 시작하는 시기는 흔히 중학생 때 처음 나타난다. 심리학자 장 피아제의 인지 발달 단계에 따르면, 이런 모습은 '형식적 조작기'에 해당한다. 아동기 사고 습관에서 벗어나 종합적 사고와 논리적 이해가 가능해지는 단계라고 한다. 한마디로 무슨 말만 하면 "그게 말이 돼?"라고 반응하며 세상을, 특히 부모와 형제 같은 가족을 삐딱한 시선으로 보는 시기다. 사람마다 다르지만, 이런 현상은 20대 초반까지 계속된다.

프로이트는 청소년기에 겪는 이런 정신 현상을 '아비 부정'이라고 했다. 어른이 돼 홀로 서서 자기 삶을 일궈가려면 누구나 부모에게서 벗어나야 한다. 물리적으로 벗어나는 것뿐만 아니라 정신적으로도 벗어나야 한다. 지금까지 내 보호막이던 세계를 완강하게 부정할수록 거기서 벗어나고픈 욕망과 의지가 생기고, 이를 실천함으로써 하나의 독립적인 인간이 된다. 머리가 커지면서 어린 아이가 자기 가족에게 품은 환상이 벗겨지는 현상이기도 하다. 그러니까 가족에 대한 불만을 표출하기 시작하는 건 자아 없는 '우리' 가족이라는 한 덩어리에서 '나'를 구분 짓고 분리하기 위해서 반드시 필요한 작업으로서 다른 가족 구성원과 '나'는 다른 존재임을 확인하고 알리는 과정인 것이다.

그런데, 부모는 고분고분하던 아이가 가족을 판단하고 비난하며 자신에게 도전하는 이런 변화를 대개 받아들이기 힘들어한다. 자신도 그런 시기를 겪었지만, 막상 부모가 돼서 그 상황에 처하면 좀처럼 아이를 이해하기 어려워하고 당황하게 마련이다. 이런 부모의 반응에 대한 고전적인 설명은, 부모가 자신의 권위에 자녀가 도전하는 것으로 받아들이고 용납하지 못하기 때문이다. 나이와 서열에 따른 복종을 강조하는 한국의 유교적 사회 문화를 고려하면 더욱 일리 있다. 하지만 나이와 서열에 따른 복종을 강조하는 분위기는 적어도 가족 안에서는 많이, 급속도로 사라지고 있다.

조선 시대나 전후 개발 시대의 경직적인 가족 분위기를 아직도 한국 가족의 주된 분위기라고 설명하는 건 무리가 있어 보이지만, 이런 변화에도 불구하고 한국의 부모들은 여전히 갈등 요인이 되는 아이의 반발이나 이의 제기를 무시하거나 억압하는 식으로 대응하는 게 사실이다. 혹시 아이가 야기하는 갈등이 부모에게는 가족이라는 공동체의 존엄을 훼손하려는 시도, 즉 가족 집단에 대한 위협으로 다가오기 때문은 아닐까. 내가 낳아 키운 아이, 그래서 내 분신 같은 아이가 내 의도나 생각과 다르다는 의지를 적극적으로 드러내는 모습을 견고한 '우리'에 균열이 일어나는 신호로 받아들이는 것이 아닐까.

미국의 사회학자 리처드 세넷은 집단의 존엄과 존재 이유를 집단적 동일성에 둘 때 그 집단 구성원은 갈등을 견디지 못한다고 지적한다. "공동체 질서를 이루는 토대가 공동체의 동일성, 즉 동일성이라는 가치에 따라 서로 관계있다고 사람들이 느끼는 데 있기 때문이다."[17] 따라서 외부에서 유입된 것이든, 내부에서 생성된 것이든, 집단 구성원 주류 혹은 다수와 '다름'은 그것을 배제하거나 억압하는 방법으로 그 다름이 유발한 갈등을 해결하려고 한다는 것이다. 서로 같아서 협력하고 모여 산다면 다름은 쉽사리 무질서와 갈등으로 비화되고, 나아가 격렬한 다툼으로 이어질 수밖에 없을 테다. 하물며 이를 원만하게 다루는 방법을 알기는커녕 견디지 못할 정도로 불편한 것으로 여긴다면, 그런 상황에 처할 가능성을 미연에 방지하기 위해 다름이나 갈등을 아예 금기시한다는 것이다.

세넷의 주장은 한국인이 왜 다른 의견을 그저 다름이 아니라 '공격'으로 받아들이는지 어느 정도 가늠할 수 있게 해준다. 한국에서는 왜 다른 의견, 다른 입장에 선 사람들이 야기하는 갈등이 쉽사리 '투쟁'으로 악화되는지도. '위대한 한민족'이라면서 한국이라는 국가 공동체의 토대를 '같은 민족'에 두는 성향은 의견이 다르고, 입장이 다른 사람을 위협적 존재로 느끼기 쉽다.

공동체 형성의 근간을 집단 구성원 사이 동일성, 서로 같은 특별한 뭔가를 공유하는 관계라고 느끼는 것은 가족도 빼놓을 수 없다. '한민족' 역시 피와 살을 나눈 육체적 공통점을 강조하는데, 가족은 '민족'에 비교할 수 없을 정도로 특별하고 끈끈한 동일 가치를 공유하는 사이 아닌가. 일심동체라는 말, 가족을 하나의 인격체로 인식하는 한국인의 무의식적 관념을 염두에 두면 그냥 한 몸이나 마찬가지라고 해도 무방할 테다. 이런 집단에서 다른 의견이나 욕구를 드러내는 것, 심지어 반발은 집단의 존재를 위협하는 태도가 될 수 있다. 이런 불안과 두려움이 아이의 이의 제기나 반발을 무시하고 억압하는 태도로 나타날 수 있다는 시각도 생각해볼 필요가 있지 않을까.

사회든, 가족이든 이런 집단은 갈등을 변화에 필요한 자연스러운 과정이 아니라 심각한 문제나 악으로 받아들인다고 한다. 가족에서는 "형제자매 사이 다툼이나 성격에 따른 소원한 관계를 부모 양육이 잘못됐다는 징표로 여긴다".[18] 그래서 부모는 가족 안에서 일어나는 갈등이나 다툼에 죄책감을 갖거나, 부모 자격 부족이라며 자기 비하도 한다. 반성을 넘어 강박적으로 자신을 책망하는 것이다.

세넷은 이른바 혈육이라는, 서로 같은 존재라는 생각을 바탕에 두고 가족 질서를 유지하려는 시도는 생물학적 차이뿐만 아니라 성격, 취향, 생각, 욕망 같은 개인적 차이마저 무시하게 만든다고 강조한다. (가족) 집단과 다른 자신의 특징을 이해받지 못하고 부정당하면 그 구성원은 자존감과 만족감을 갖기 어렵다. '우리' 가족을 화목하고 행복하게 지키려는 선한 의도가 오히려 갈등을 회피하거나 억압함으로써 환장할 가족을 만들 수 있다는 건 참 아이러니한 일이다.

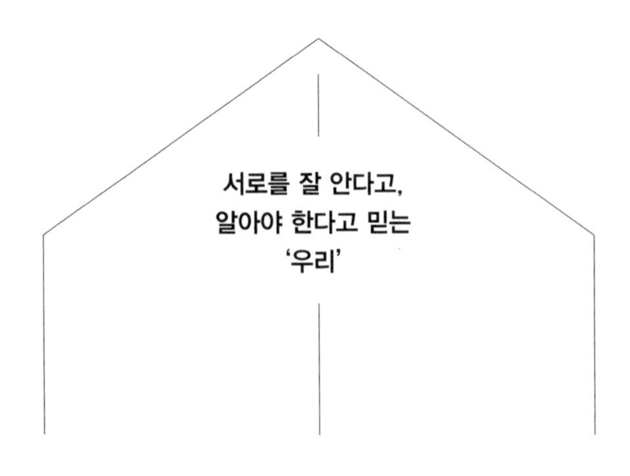

서로를 잘 안다고, 알아야 한다고 믿는 '우리'

내가 직장에 다닐 때, 가깝게 지내던 사촌 언니의 부부 관계가 위기에 처한 적 있었다. 힘든 상황에서도 결혼을 유지하려고 애쓰던 언니는 속상한 맘을 털어놓으려고 내게 자주 전화했다. 그러다가 한동안 연락이 오지 않았다. 몇 주쯤 지났을까, 사촌 동생에게서 연락이 왔다. 언니가 내게 화났다고. "왜?" 내가 묻자 이유를 귀띔해줬다. 평소 내게 특별히 잘해주던 언니가 힘든 상황에 처했는데, 어떻게 먼저 연락 한 번 하지 않는지 서운해한다고 했다. 나는 어이없었다. 솔직히 황당하고 열도 조금 받았다. 그때 나는 사무실에서 몇 가지 일로 상당히 스트레스 받는 상황이었다. 나도 지금 사무실에서 너무 힘들다고 토로했다.

며칠 뒤, 사촌 동생에게서 다시 연락이 왔다. 주위에 물어봐도 그렇고 자기 생각도 이혼 위기에 처한 상황과 사무실에서 찍혀 스트레스 받는 상황을 비교하면 이혼 위기가 더 힘들지 않겠느냐고, 그러니 내가 더 신경 쓰는 게 맞는 것 같다고 말했다. 사촌 동생은 나와 사촌 언니 사이에서 관계를 잘 풀어보려고 나름 애쓰는 듯했다.

그런데 사촌 동생은 왜 하필 나와 사촌 언니 상황을 비교하는 식으로 관계를 풀려고 했을까. 거기에는 타인에 대한 공감과 이해, 즉 나와 언니를 잘 안다는 착각이 깊이 관여된 것은 아닐까 싶다. 사무실에서 스트레스 받는 내 상황과 배우자 일로 스트레스 받는 사촌 언니 상황을 비교하는 건 기본적으로 나와 사촌 언니를 잘 알고, 나와 사촌 언니가 각자 처한 상황을 이해한다는 전제가 있어야 하기 때문이다. 더욱이 우린 사촌이긴 하지만 친족, 즉 혈연관계 아닌가. 자기 나름대로 두 가지 상황을 모두 이해하고 공감하며, 당사자인 나와 사촌 언니가 어떤 사람인지도 잘 안다고 믿는 것이다. 그러니 두 가지 상황 가운데 어느 게 더 힘든지, 누가 누구에게 먼저 연락해야 할지 판단할 수 있었던 것 아닐까. 사촌 동생은 내 상황이 좀 더 낫다고 보고, 사촌 언니 마음을 먼저 풀어줘야 한다고 판단한 것이고.

사촌 동생 말대로 나는 먼저 연락해서 꽁한 사촌 언니 맘을 풀어줬다. 그러나 내 상황이 사촌 언니와 비교해서 더 낫다고 판단했기 때문에 그런 것은 아니었다. 사촌 언니가 내게 잘해주긴 해도, 뭔가 마음이 틀어지면 대개 내가 먼저 풀어주는 게 관행 비슷했기 때문이었다. 당시 내 상황은 얼마 뒤 사무실을 그만둬야 하는 지경이었는데, 어찌 내가 더 낫다고 할 수 있겠는가.

돌아보건대, 남편의 투병에 따른 가족 사이의 경우도 비슷하지 않을까 생각이 든다. 그 상황에서 누가 더 안타깝고 안된 처지일까. 생존율 30퍼센트밖에 되지 않는 질병과 싸워야 하는 환자인가, 그 모습을 옆에서 지켜봐야 하는 가족인가. 금쪽같은 아들을 잃을지도 모를 위기에 처한 부모인가, 오랜 시간 함께 자라고 의지해온 형제 또는 아무것도 모르고 결혼해서 핑크빛 단꿈만 꿀 줄 알았는데 별안간 남편을 잃을지 모르는 위기 속에서 옆자리를 지켜야 하는 배우자인가.

아마 대개 부모가 더 안됐다고 여기리라 추측된다. 나도 그랬기 때문이다. 아니, 실은 그런 척했다. 나는 자식이 없어서인지 내 고통이 시부모님에 비해 과연 덜한지, 좀처럼 확신할 수 없다. 그러나 자식에 대한 부모의 마음과 태도는 감히 함부로 재단할 수 없는 성스러운 무엇으로 여기는 게 한국의 분위기 아닌가. 더군다나 가족이라는 '우리' 사이는 누구보다 서로 잘 알고 이해하는 사이라고 당연하게 생각하지 않는가. 나 역시 그렇게 믿는 사람 가운데 하나였다. 그런데, 나는 위축됐다. 주변 사람들에게서 내 처지를 공감 받고 위로 받았지만, 마음 깊은 곳에서 나는 늘 위축됐다. 내 아픔은 당사자나 시댁 식구의 고통에 밀려나야 하는, 함부로 드러내고 보여서는 안 되는 것이라고 여겼다. 나 자신에게조차.

내 감정과 상태를 외면하면서 나 자신을 위축시킨 것 역시 내가 당사자인 남편과 시부모님, 가족을 이해하고 잘 알고 있(어야 한)다는 착각 때문은 아니었을까. 그 착각을 바탕으로 그들과 나를 비교하고, 나를 후순위에 둔 것 아닐까. 간혹 나를 위로하는 말에도 그런 게 있었던 것 같다. 시부모님이나 당사자 마음은 어떻겠어…… 그런 말 뒤에는 아마 이런 말이 생략됐을 것이다. 그러니 네가 참아…… 내가 그들을 향해 뭘 어떻게 할 수도, 그럴 생각도 없었으니, 그런 말은 결국 내가 내 정서(감정)를 억누르는 방향으로 작용했던 것 같다. 나 자신도 그렇게 생각했으니.

정서적 고통과 아픔이 과연 처한 입장이나 상황에 따라 비교될 수 있는 성질의 것일까. 그러나 한국에서는 그런 일들이 알게 모르게 적잖이 벌어지는 듯하다. 내 경우처럼 주로 누군가에게 양보를 요구할 때 그렇고, 종종 타인의 아픔을 내 위로로 삼는 모습도 이런 무의식적 비교에서 기인할 테다. 마치 심판자처럼 어떤 상황이나 처지를 비교해서 판단하는 일은 바탕에 누가 누구를 혹은 그가 처한 상황이나 입장을 잘 알고 이해한다는 믿음이 있기에 가능한 것 아닐까. '남'이라면 모를까, 이보다 가깝게 지내고 아끼는 사이 없을 거라고 철석 같이 믿는 '우리'이니.

공감이라는 허상에 대해

내가 아이를 갖고 싶다고 생각한 건 결혼하고 1년쯤 지나서다. 미혼이던 친구들이 전부 결혼하고, 결혼한 친구들은 임신하기 시작하던 때다. 나보다 몇 해 먼저 결혼한 동서도 그때 마침 임신을 했다. 동서가 임신했다는 소식을 듣고는 화장실에서 펑펑 울었다. 아마 질투였을 것이다. 그만큼 그때는 나도 임신을 하고 싶었다. 오래지 않아 남편이 큰 수술을 했고, 우리는 아이를 포기하는 상황도 각오해야 했다. 그즈음 우리에게 새로운 조카가 찾아왔다. 동서가 아이를 낳은 것이다. 형제밖에 없던 집에 아기가 처음 등장한데다 예쁜 여자아이니, 온 집안에서 아이를 보는 눈은 하트 그 자체였다. 특히 시어머니에게 아이는 커다란 기쁨이었다. 생존율 낮은 병과 싸워야 하는 아들 걱정과 심려에 압도당한 어머니를 그 아이가 구원했다고 할까. 손녀만 보면 기쁨에 겨운 즐거움이 높은 웃음소리로 터져 나왔다. 그것은 어머니가 제압할 수 있는 성질의 것이 아니었다.

큰일을 당한 어머니에게, 다른 가족에게 참 다행이었다. 하지만 그때 나는 그렇지 않았다. 아이를 둘러싸고 즐거워 어쩔 줄 모르는 이들의 미소로 가득한 거실에 나는 함께 있을 수 없었다. 즐거운 웃음소리가 벽을 뚫고 내가 있는 방까지 들어올 때 눈물이 흘렀다. 웃음소리가 커질수록 나는 흐느끼는 소리를 감추기 위해 얼굴을 파묻었다.

거실에서 가족과 함께 있다가 방에 들어온 남편은 나를 보고 안쓰러워 어쩔 줄 몰랐다. "그렇게 서러워……?" 무슨 말을 할지 몰라 당황스러운 그의 마음, 나를 위로해주고 싶은 마음이 느껴졌다. "그렇게 서러워……?"라는 낮은 목소리에 나를 위로하고 싶은 마음이 담긴 건 확실하다. 하지만 그 말에는 내 입장을 이해하지 못하는 그의 입장도 있었다. 그렇다. 나는 서러웠다. 그런데 나조차 그 눈물이 왜 그렇게 서러워하는 느낌을 풍기는지 알 수 없었다. 지금도 뭐라고 표현하기 어려울 만큼 확실히 모르겠다.

그 일은 잘 끝났다. 남편은 건강을 회복했고, 모든 게 정상으로 돌아왔다. 어느덧 조카도 학교에 입학했다. 동서는 같은 여자로서 너무나 자랑스럽게, 자기 사업을 시작했다. 동서는 방과 후 아이 돌보는 일을 시어머니에게 부탁했다. 어머니는 기꺼이 그러마 했는데, 해를 거듭할수록 힘들어 하셨다. 그러자 내게 그 일을 조금만 도와달라고 부탁했다. 나는 무척 놀라고 서운했다. 어떻게 어머니가 내게 그런 부탁을 할 수 있을까. 수년 전 남편이 퇴원할 때 어머니는 우리가 정자은행을 알아보는 일에 대해서 탐탁지 않아 했다. 어머니 입장에서 아들의 항암 치료에 차질이 생길까 우려하는 마음을 알지만, 그때 내 귀에 대고 조심스럽게 꺼낸 말씀은 좀처럼 잊히지 않는다. "아이 없이 살면 뭐 어떠니……."

어머니에 대한 서운함은 한동안 지속됐다. 비록 여전히 내가 도와줬으면 하시고 나는 그 부탁을 들어드리지 못하지만, 지금은 서운하지 않다. 두 가지 이유가 있는 듯하다. 하나는 어머니가 그런 부탁을 하는 이유에 남편이 관련된 면이 있어서일 것이라고 부족하나마 이해하기 때문이다. 남편이 동서의 사업을 돕는 상황이니 어머니가 손녀 보는 일을 더 기꺼이 받아들이셨으리라. 어머니에게 정말 감사하다. 그런데도 그 부탁을 선뜻 들어드리지 못하는 건 내가 아직 과거를 완전히 풀지 못한 내 개인적인 한계 탓이다.

다른 하나는 어머니가 내 입장을, 내 마음을 알 수는 없을 것이란 사실을 깨달았기 때문이다. 설사 나를 조금이나마 이해할 수 있을지 몰라도 결코 알 수는 없다고 생각한다.

그것은 '시' 자가 들어가는 어머니라서가 아니다. '친' 자가 들어가는 내 부모님도, 언제나 내 마음을 지지해주는 친구들도 마찬가지고, 남편도 예외가 아니다. 나는 그동안 이런 속사정을 누구에게도 얘기한 적이 없다. 그래서인지 내가 조카 돌보러 동서네 집에 간다는 얘기를 해도(어머니에게 피치 못할 일이 있을 때는 남편과 함께 가는 정도로 타협하고 있다), 누구 하나 의아하게 여기는 사람이 없다. 속사정을 얘기하지 않는 한, 그런 부탁이 서운하다고 직접 토로하지 않는 한, 그 일을 내가 어떻게 받아들일지 전혀 알지 못하는 것이다.

나는 이런 반응에서 나를 이 세상에 존재하게 만들고 누구보다 내 상황을 마음 아파하고 염려한 사람들이라도, 결코 나를 전부 이해하고 공감해줄 수는 없다는 사실을 절감했다. 나 역시 그들에 대해서 마찬가지다. 내게 아이 없이 살면 어떠냐고 하면서 당신 손주를 포기하는 시어머니의 고통과 심려, 마음을 짐작할 수 있을 뿐이지, 알 수는 없다. 그러니 어머니를 그토록 원망했던것 아니겠나. 남편에게도 다르지 않았고. 나를 가장 많이 이해하고 공감할 수 있는 사람은 오직 자신뿐이라는 사실을 나는 절실히 깨달았다. 그마저도 완전하다고 확신하기가 어려울 것이다.

나를 이해해주고 공감해주는 사람이 없다고 생각하면 고립과 소외를 자처하는 것 같은 느낌이 들지만, 막상 그런 기대를 단념하니 오히려 괜찮았다. 원망은 기대에서 생기는 법 아니던가. 공감 받으려는 기대를 포기하자 누군가를 원망하는 마음도 사라졌다. 사실 내 기대에 흡족할 정도가 되지 못할 뿐 사람은 누구나 각자 자기 깜냥만큼, 자기 나름의 방식대로 서로에게 관심을 갖고 있다고 생각한다. 그것이 단지 어떤 기대나 수준에 이르지 않는다고 해서 실망하고 더 많은 것을 요구하는 것은 아닐까. 타인의 이해와 공감에 대한 기대를 접으니, 무엇보다 나 자신에게 관심을 기울이게 됐다. 다른 사람이 나를 얼마나 이해하고 공감해주고 있는지에 관심을 보이는 대신 나 자신을 이해하고 공감하기 위해 생각과 마음과 힘을 내 안으로 모으는 현상이 나타났고, 그 자체가 내가 나 자신을 사랑하는 행위처럼 느껴졌다.

요즘 사회적으로 부쩍 공감을 강조하는 분위기다. 공감 교육을 제도화하겠다는 시도도 있었다. 가히 공감 강박증이라 해도 과언이 아닐 듯하다. 누구에게 공감한다는 말이 얼마나 위선적인지, 누구에게 공감 받는 일이 얼마나 허망한 기대인지 너무 쉽게 간과하는 것은 아닐까.

직장 환영 회식에서 울음을 터뜨린 외국인, 다름을 비정상으로 받아들이는 '우리'

국회에서 일하기 시작한 지 얼마 안 된 사회 초년생 시절, 여성 의원과 함께 일한 적이 있다. 나이가 지긋한 의원 그리고 나보다 열대여섯 살 많은 여성 비서관과 종종 구내식당에서 점심을 먹었다. 어느 날, 국밥 같은 음식을 시켰다. 세 그릇이 식탁 위에 놓이자마자, 의원이 자기 뚝배기에 숟가락을 푹 집어넣어 밥을 퍼서 비서관의 뚝배기에 옮겨 담았다. "더 먹어요!" 혹시 더 먹겠느냐는 양해를 구하지 않고 다짜고짜 벌어진 일이었다. 미처 사양할 겨를 없이 별안간 숟가락 폭격을 당한 비서관은 깜짝 놀라 멈칫거릴 뿐이었다. 식사를 마치고 나서 나와 둘이 사무실로 올라가면서 비서관은 참았던 불만을 터뜨렸다. "꼭 생각해주는 척하면서 자기 먹기 싫은 걸 마음대로 다른 사람 밥에 덜어! 자기가 조금 먹으려고 그러는 거면서……."

10년도 더 된 일이니, 설마 지금은 이렇게 무례한 일이 벌어지지 않으리라 믿고 싶다. 그래도 버스나 지하철, 병원 같은 공공장소에 있을 때면 나는 여전히 한국인의 거친 매너를 종종 미묘하게 느낀다. 해외여행, 특히 일본에 갔다 오면 더 그렇다. 같은 동양권이어도 나는 일본이 매우 이국적으로 느껴지는데, 그 이유가 공공장소에서 부딪히는 사람들의 태도에 있다는 사실을 발견한다. 서양 사람들은 다른 사람과 부딪히는 상황에서 미묘하게 살짝 특별한 제스처를 취하는데, 일본 사람들도 그런 면이 있는 것 같다.

예를 들어 지하철이나 거리, 에스컬레이터에서 앞지르거나 지나쳐 가기 위해 길을 비켜달라고 할 때, 먼저 타인의 관심을 끌고 양해를 구하는 모습이 그렇다. 스쳐 지나가기 전에 잠깐 멈춰서 유럽이나 미국 같으면 "익스큐즈 미", 일본에서는 "스미마셍"이라고 말한다. 둘 다 "실례합니다"라는 의미다. 한국에서는 같은 상황에 이런 말을 쓰지 않는다. 아니 딱히 쓰는 말조차 없다. 굳이 찾자면 "저기요!"나 "잠깐만요!" 정도가 있을까. 영어로 하면 "Hey!"나 "Wait!"다. 아무리 직역과 의역이 다르다지만, "익스큐즈 미", "스미마셍"과 "저기요", "잠깐만요"는 뉘앙스와 태도에서 차이가 크다.

우리는 왜 이렇게 다를까. 그 이유를 서양 문화와 비교해서 설명하기도 한다. 사회심리학자 김정운은 《나는 아내와의 결혼을 후회한다》에서 나와 너의 상호작용 원칙이 다른 것을 꼽는다. 서양인에게 '우리'는 '나'와 '너'가 존재한 다음, '나'와 '너'가 모여서 만드는 것인 반면, 한국인에게는 '우리'가 먼저 존재하고 그 안에서 '나'와 '너'가 생긴다는 것이다. 그런데 한국인의 '우리'가 되려면 먼저 검증해야 할 게 있다고 한다. 그가 '남'인지 아닌지 확인하는 일이다. "우리가 남이가?"라는 유명한 구절을 증거로 든다. 이렇게 한국인의 '우리'는 서로가 공통의 관심 대상(우리)인지 아닌지(남) 확인하면서 형성되는데, 그런 '우리'가 무너지니 서로 모두 남이고, 타인에 대한 매너가 거칠 수밖에 없다는 것이다.

그러나 나는 한국인이 과연 '우리' 안에서는 서로 배려하거나 존중한다고 할 수 있을지 의문스럽다. 남에게 하는 것보다 그저 조금 나은 정도 아닐까. '우리'라는 테두리 안에 들어감으로써 배척당하거나 무관심한 대상이 되는 건 모면했지만, 앞의 사례처럼 그 안에서 내 의사나 특징을 존중받기는 여전히 어려운 게 현실 아닌가 싶다.

그와 관련해서 지인이 일하는 회사에서 벌어진 일화가 있다. 유럽에서 대학을 갓 졸업하고 지인이 일하는 회사에 취직한 외국인 여성이 그 주인공이다. 출근 첫날, 그녀가 배정받은 담당 부서에서는 새로 온 가족을 환영한다며 으레 하는 회식을 했다. 회식할 때마다 자주 가던 고깃집으로 갔다. 그녀는 채식주의자지만 별말 없이 따랐다. 자기가 고기를 안 먹으면 될 일이니, 굳이 여럿이 동의하는 장소를 바꿀 필요 없다고 생각했다. 그녀가 밑반찬만 먹는 걸 발견한 동료들이 왜 그러냐고 물었다. 그제야 그녀는 자신이 채식주의자라는 걸 밝혔다. 그녀는 동료들이 미안해할까 봐 괜찮다고 하면서 밑반찬도 입에 잘 맞고 좋다고 재빨리 말했다.

잠시 뒤, 그녀는 당황했다. 동료들이 자신을 배려하지 못한 걸 실수라고 여길까 우려하던 예상이 빗나갔다. 실수라고 여기기는 커녕 너무나 아무렇지 않은 반응이었다. "에이, 조금은 먹어도 돼. 고깃집에 와서 고기를 안 먹는 게 말이 돼? 오늘만 먹고 내일부터 다시 안 먹으면 되지. 채소 많이 싸서 먹으면 돼." 오히려 당당하게 쌈을 만들어 입에 들이미는 것이었다. 놀란 그녀는 거절했다.

순간 분위기가 싸늘해졌다. 그녀 입장에서는 그런 반응이 의아했을 테다. '아니, 이 갑분싸(갑자기 분위기 싸해지는 것)는 뭐지? 채식주의자라고 밝힌 사람 입에 고기를 집어넣으려고 한 건 저 사람들인데. 봉변을 당한 건 난데!'

이런 생각을 하며 혼란스러워하는데, 저쪽에서 건배를 제의하는 소리가 들렸다. 옆자리에 있던 사람이 술을 따라주려고 하자, 그녀는 이번에도 거절했다. 아직 술잔 받을 기분이 아니었다. 물론 조금 전 일로 황당한 티를 내거나 기분 나쁜 표정을 짓지는 않았다. 그런데 주위 사람들 표정이 경직된 게 눈에 들어왔다. 아뿔싸, 안 되겠다 싶어서 그녀는 억지로 냉큼 술을 받아 마셨다. 그렇게 불편한 식사 자리는 생전 처음이었다. 마침내 식사가 끝나고 일어나는 분위기가 되자 안도의 한숨을 내쉬었다. '이제 끝났구나!'

그런데 끝이 아니었다. 2차라는 것이 있었다. 회식을 하는데 노래방에 안 갈 수 있겠냐고 누군가 말한다. 생전 처음 가본 노래방은 낯설었다. 작고 어두컴컴한 방에 현란한 조명, 그 아래서 돌아가며 노래 부르는 모습에 자기도 모르게 긴장했다. 다른 사람들이 노래 부르는 걸 보면서 눈치껏 어색하게 손뼉을 치는데, 갑자기 그녀에게 마이크를 준다. 오늘의 주인공이니 한 곡 부르라는 것이다. '오늘 처음 만난 사람들 앞에서 노래를 부르라고?' 이번에도 거절하면 분위기가 얼마나 냉랭해질지 걱정됐지만, 사양할 수밖에 없었다. 낯선 사람들 앞에서, 이렇게 갑자기 노래해본 경험이 없었기 때문이다. 의외로 이번에는 그녀가 사양해도 전혀 기분 나빠하지 않았다. "에이, 어서 해봐." 마치 그녀가 거절한 사실을 전혀 모르는 듯 막무가내로 마이크를 쥐여주고 손목을 잡아끌었다. 깜짝 놀란 그녀는 그만 울음을 터뜨리고 말았다.

이들이 그녀를 울린 건 결코 그녀가 '남'이어서가 아니다. 그 상황은 분명 새로 온 '가족', 즉 '우리'가 된 그녀를 환영하기 위한 자리에서 얼어났다. 이 경우를 보면 한국인이 타인에 대한 매너가 거친 건 '우리'가 무너지는 것과 연관 짓기 어렵다. 오히려 한국인에게는 '우리' 아니면 '남'밖에 없어서인 건 아닐까. '너'와 '나'라는 것이 어디에도 없다. 심지어 '우리' 안에도! 지인 회사의 회식 사건이 벌어진 것도 '우리' 안에서 그 외국인을 '너'로 대하지 못한 데 있어 보인다. '우리'의 배타적 존재인 '남'이라서 배려하지 않고 거칠게 대한 게 아니라, '우리' 안에서도 '너'와 '나'로 분리되지 않았기 때문이다.

한국인의 '우리'는 연대의 공동체가 아니다. 연대하려면 '너'와 '나'가 있어야 하는데, 구성원이 '우리' 안에서 분리되지 않은 채 서로 동일시하다 보니 그저 한 덩어리 상태에 가깝다. 그 안에서 다른 의견을 존중하지 못하는 것은 당연하다. 존중은커녕 '다르다'는 건 있을 수 없는 일이다. 다름은 분리를 전제로 하는 것 아닌가. '너'와 '나' 사이 경계가 없는 '우리' 속에서 다름은 받아들이기 어려운 개념일 뿐만 아니라, '비정상'이 되기 쉽다. 구성원이 서로 경계를 명확히 인식하지 못하는 집단에서는 당연히 같거나 비슷해야 '정상'이 될 것이기 때문이다. '다름'과 '틀림', '비정상'을 구분하는 일을 서툴고 어려워 할 수밖에 없다.

직장 조직 같은 사회에서 이런데, 하물며 가족은 어떨까. '너'와 '나'로 분리하지 못하고 서로를 동일시하는 걸 당연하게 여기지 않을까. 가족이야말로 누구도 불경해서는 안 되는 신성한 '우리'니까.

내가 해야 할 효도를 배우자가 대신할 수 있을까

"부모님을 챙겨야 할 때마다 자기 부모 대신 서로의 부모님을 챙기면 어떨까?"

결혼하고 얼마 후, 남편이 문득 이런 얘길 한 적 있다. 나쁘지 않다고 생각했다. 갓 결혼하면 새로운 가족이 된 배우자의 부모와 형제에게 잘하려고 특별한 마음을 먹지 않는가. 하지만 뭘 어떻게 해야 할지, 너무 막연해 바로 대꾸하지 않았다. 곧 자연스럽게 다른 얘기로 넘어갔고, 그 얘기도 그냥 흘려버렸다. 그런데 실은 나도 비슷한 생각을 한 적이 있다. 친정 가족에게 무뚝뚝한 나는 결혼하면서 새로운 가족이 되는 남편이 부모님에게 살갑고 친근하고 싹싹하게 대해주면 좋겠다고 내심 바랐다.

실제 결혼 생활을 하면서 내가 부모님에게 부족한 부분을 남편이 채워주길 바란 마음은, 그의 사위 노릇과 내 며느리 노릇을 비교하면서, 그가 친정에 하는 만큼 나도 시댁에 하겠다는 자세로 변질됐다. 이렇게 비교 평가하다 보니, 친정 가족을 만나는 동안 남편이 어떻게 하는지 신경 쓰느라 더 피곤했다. 서운한 일도 괜히 많아지는 것 같았다. 돌아보면,

그런 태도는 완전히 월권이고 어리석은 생각에서 비롯된 것이다. 그런 태도는 남편을 위한 것도, 내 부모님을 위한 것도 아니라 오직 나 자신을 위한 것이었음을 가족과 나에 대해 탐구하면서 깨달았다.

그런 이기적인 태도는 친정 부모와 나를 동일시하고, 한편으로는 남편과 나를 동일시하는 어중간한 상태에서 나온다. 남편이 내 부모에게 잘할 때 내가 기분 좋다면 친정 부모와 나를 동일시하는 것이고, 남편의 태도로 내 부모가 기뻐한다면 남편을 통해 딸인 내 몫까지 했다고 여기면서 남편과 나를 동일시하는 것이다. 결국 나는 정작 내가 해야 할 일은 게을리하고, 이 사람 저 사람과 동일시하면서 손 안 대고 코 풀려는 심산이었다. 이것이 이기주의 아니면 무엇이겠는가. 그 상태에서 나는 그 무엇도 아니고, 그 어디에도 없는 모호한 존재였다.

남편이 지난 어버이날 친정 부모님을 뵙기 어려울 것 같다고 해서 혼자 다녀왔다. 오늘 친구에게 그 얘기를 하니, 살짝 놀라면서 그렇게 놔두면 안 된다는 반응을 보였다. 자기 부모라면 몰라도 배우자 부모를 챙기지 않는 건 좀 그렇다는 것이다. 친구가 그렇게 생각한 건, 남편이 취미생활을 하려고 그랬던 것이기 때문이다. 남편은 빠져서는 안 될 행사가 있다며, 부모님께는 일 때문에 찾아뵙지 못한다고 잘 말해달라고 내게 부탁했다. 결혼 초라면 있을 수 없는 일이었을 테다. 그때 나라면 어떻게든 남편을 친정 부모님에게 데려가서 어버이날을 기념하도록 만들었을 게 분명하다. 아니면 나도 시부모님을 뵈러 가지 않던지. 하지만 나는 친구에게 별로 개의치 않는다고 말했다. 정말 그랬기 때문이다.

나는 이제 그런 일을 내 일이라고 생각하지 않는다. 남편이 내 부모, 즉 자기 장인·장모를 챙기는 건 남편의 일이지 내 일이 아니다. 그건 그가 가족 사이에서 해야 할 역할 가운데 하나인 사위 노릇이다. 그가 그 역할을 잘해서 사랑받는다면 그 사랑은 남편의 것이지 내 것이 아니다. 남편이 좋은 사람이 되는 것이지, 사람 좋은 배우자를 뒀다고 해서 내 인성까지 향상되는 것도 아니다. 남편이 자기 할 일을 잘하고, 사랑하는 아내를 키워준 어른에게 고마움을 표시해서 뿌듯하고 당당하면, 그 만족감은 그의 것이지 내가 뿌듯하고 당당해지는 것은 아니다. 나는 남편의 인생 파트너로서 그가 자기 자신에게 만족해하는 모습을 보고 잘됐다, 잘했다고 칭찬하고 격려할 수 있을 뿐이다.

내 일은 딸로서 내 부모님에게 도리를 다하고, 며느리로서 시부모님에게 내 도리를 다하는 것이다. 물론 나는 남편과 내 부모님이 특별한 관계가 되도록 만든 사람으로서 부모님이 그의 사위 노릇에 불만을 품고, 내게 그 불만을 해소할 수 있도록 도움을 청한다면 기꺼이 내가 할 수 있는 일을 할 것이다. 지난 어버이날처럼 남편이 자기 역할을 제대로 할 수 없을 때 그와 내 부모님 사이에 마찰이 생기지 않도록 내게 어떤 부탁을 하면, 나 역시 합당하다는 판단이 드는 경우에 한해서 기꺼이 도와줄 것이다. 내가 관여하고 그들을 도울 수 있는 일은 그 정도다. 나는 그저 내가 할 수 있는 역할에 한정해 충실할 수 있다. 그렇게 내 역할을 분명히 구분하는 것이 내가 행복해지는 길이라는 사실을 알았다.

부부가 되면서 자기가 해야 할 역할을 배우자가 대신 해주길 바라는 마음이 생기는 것 역시 가족과 무의식적으로 동일시하는 관념, 즉 '우리'가 되면서 '너'와 '나'가 사라지는 현상의 영향이 적지 않다고 생각한다. 한국에서는 주로 남자가 (내가 그랬던 것처럼) 자기가 해야 할 아들 몫을 결혼하면서 아내에게 미루는 경향이 있었다. 아내는 오직 며느리로서 효도하는 역할을 할 수 있지, 죽었다 깨나도 아들이나 딸의 효도를 대신할 수 없다. 당연히 남편도 그렇고.

2부
'우리'에서
'나'를 분리하다

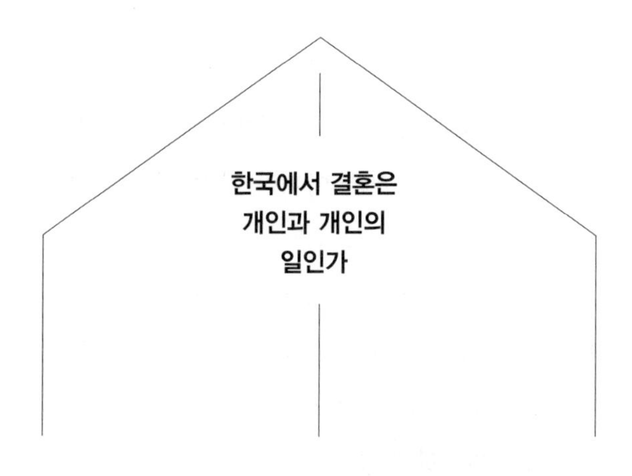

한국에서 결혼은 개인과 개인의 일인가

결혼 전, 1년 정도 교제한 사람이 있다. 나이가 있는 만큼 결혼도 생각하면서 만났다. 그런데 교제하는 동안 만났다 헤어지기를 반복하면서 꽤나 애달픈 관계를 유지했다. 그와 내가 그토록 좋아한 것일까? 잘 모르겠다. 그와 내가 헤어진 이유가 성격이나 가치관, 취향 같은 당사자의 문제에 있었다면 차라리, 그렇게 만나고 헤어지기를 반복하지 않았을 것 같다. 그와 그토록 애매한 관계를 유지한 건 헤어진 이유가 가족, 그의 어머니였기 때문이다.

그의 어머니는 나와 그의 교제를 반대했다. 이유는 키였다. 그의 신장이 그리 크지 않았고, 어머니도 작은 편이다. 그래서 아들이 만나는 사람, 혹여 가족이 될지도 모르는 사람은 키가 크길 바랐다. 큰 키를 선호하는 시대에 후세도 염두에 두는 듯했다. 그는 어머니와 완강하게 대립했지만, 결국 어머니 뜻을 거스르지 못했다. 교제한 지 얼마 되지 않은 영향도 있었을 테다. 나중에 소설

미디어를 통해서 알았는데, 결국 그들은 바람대로 키가 상당히 큰 여성을 가족으로 맞았다. 이처럼 한국에서는 만나던 사람과 헤어지는 이유가 당사자의 문제가 아니라 가족, 부모의 반대인 경우가 적지 않다.

얼마 전, 어느 연예인의 결혼도 화제였다. 그 부부는 5년 정도 만났는데, 부모의 결혼 반대를 설득하는 기간이 반 이상이었다고 한다. '애 딸린 이혼녀'라는 이유로 총각인 남자 쪽 부모가 찬성하지 않았다. 서로 진지하게 생각하면서도 그토록 오랫동안 연애한 이유가 부모의 반대 때문인 것이다. 그들은 결국 부모에게 축복받으며 결혼했지만, 부모의 반대를 무시하고 새로운 가족을 꾸린 뒤 이전 가족과 발길을 끊거나 부모 뜻에 따라 헤어지는 안타까운 사연을 오늘날에도 낯설지 않게 접하는 것 같다. 20세기 한국에서는 지금도 16세기 중반을 배경으로 한 셰익스피어의 비극《로미오와 줄리엣》같은 비극이 적잖이 일어나는 셈이다.

그렇다면, 로미오와 줄리엣의 비극은 왜 일어났을까. 알다시피 집안의 반대 때문이다. 두 사람은 원수 집안의 자녀였다. 부모도 아니고 그 이전 어떤 조상 사이에서 벌어진 일 때문에 두 집안사람들은 서로 못 잡아먹어 안달이고, 로미오와 줄리엣도 삶을 자기 뜻대로 결정하지 못했다. 이는 결혼이 '개인'의 일이 아니라 집안, 가문, 가족의 일이란 사실을 보여준다. 당시에 결혼을 자기 뜻대로 하지 못한 건 그들뿐만 아니었다.

봉건제도에서 결혼은 '개인'의 일이 될 수 없었다. 가문(가족)의 것인 신분이 사회의 기본 구조인 곳에서 결혼은 당사자가 아니라 가족 집단의 일이었다. 결혼은 가문 유지와 번영이라는 목적을 위해 조건에 맞춰 부모가 결정하는 집안의 일로, 당사자에게는 육체적 결합에 지나지 않았다. 오늘날 우리가 당연하게 여기는 당사자의 감정이나 사랑, 거기서 발현한 '의지'는 결혼을 결정할 때 고려할 사항이 전혀 아니었다. 오히려 금기해야 할 것으로 여겼다고 한다.

로미오와 줄리엣처럼 남녀 사이 호감은 오히려 가문의 문젯거리가 될 가능성이 크기 때문이다. 개인의 미래가 가문의 성공으로 결정되기에 당사자 역시 개인감정이나 '의지'를 중요하게 여길 유인이 적었다. 가문의 번창이 사회적 성공을 의미하던 신분 시대에 성공 전략의 핵심 수단은 결혼이었고, 그래서 결혼은 개인과 개인의 결합이 아니라 집안과 집안의 결합이었다.

지금 한국의 사회체제는 '개인'을 기본 단위로 한다. 그렇다면 결혼은 '개인'의 일인가? 나는 결혼할 때 한국에서는 결혼의 주체가 당사자 '개인'이 아니라 집안이라는 것을 느꼈다. 나는 교회에서 간소하게 예식을 치렀지만, 실은 그마저도 하고 싶지 않았다. 그런 관례가 거추장스러운 형식에 지나지 않는다고 생각했다. 성격이 내성적이고 사교적이지 않다 보니 결혼식에 올 친구도 별로 없었다. 하지만 결혼식을 하지 않을 수는 없었다. 결혼식은 내 행사라기보다 부모님의 행사였기 때문이다. 예식 비용도, 축의금도 내 돈이 아니었다. 내가 할 수 있는 일은, 따로 날 잡아서 하루 종일 애써야 하는, 결혼사진을 찍지 않고 예물을 간단히 하는 정도였다.

최근 높은 이혼율을 두고, 간혹 결혼 전 동거를 이혼 예방책으로 제시하는 경우가 있다. 한국에서 과연 결혼 전 동거가 정식 가족으로 생활하는 데 도움이 될까? 나는 별로 도움이 되지 않을 것이라고 생각한다. 서구라면 동거 경험이 결혼 결정에 의미 있는 역할을 할 수 있겠지만, 한국은 그다지 쓸모없을 것 같다. 서구와 한국을 다르게 보는 이유는 결혼이 '개인'의 결합이냐 아니냐에 있다. 한국의 결혼 생활은 당사자뿐만 아니라 상대 가족(과의 관계)이 큰 영향을 미치며, 이는 결혼 결정과 과정부터 그렇다. 한국에서 결혼을 말할 때 표면적으로 '당사자(개인) 의사'가 중요하다는 데 누구나 동의하지만, 실제로는 개인의 결합이라기보다 가족(집단)의 결합에 가깝다.

당사자가 아닌 가족, 특히 부모가 자녀의 결혼을 반대하는 이유는 다양하다. 내가 결혼 전에 만난 사람의 어머니처럼 자신과 자식이 극복하지 못한 콤플렉스를 새로운 가족 구성원에게서 해결하고자 하는 경우도 있고, 나이와 학력 등이 현격하게 차이 나거나 상대가 자란 배경, 즉 '정상 가족'이 아닌 성장 배경을 문제 삼는 경우도 있다. 더욱이 상대가 신체장애가 있거나, 외국인(특히 후진국 출신)이거나, 앞의 연예인처럼 결혼한 경험이 있거나 아이가 있으면 당사자보다 가족의 의사나 의지가 새로운 가족을 꾸리는 데 큰 영향을 미치는 것이 현실이다.

이런 식으로 결혼하다 보니, 새로운 가족을 꾸려도 독립하지 못하고 부모에게 재정이나 각종 생활 지원을 요구하고 의지하는 것도 어찌 보면 무리가 아니다. 물론 양육과 간병 등 각종 공적 부조와 사회보험이 부실한 탓에 의지할 곳이라고는 가족뿐인 현실에서, 또 가족을 한 인격체로 인식하는 사회 분위기 속에서 부모와 형제 역시 어쩔 수 없는 측면이 있다. 삶에서 뭔가 불리하다고 여겨지는 조건이 있는 가족 구성원이 생기면 그 가족 전체의 명예가 실추되고 심지어 가족의 존립이나 행복이 위협 받기 쉬우니, 가족 구성원이 서로의 인생을 결정하는 일에 그만큼 관여하지 않을 수 없는 것일 테다. 한국 사회에서 결혼할 때 '개인 의지' 존중이란 상대방의 조건이 무난한 경우에 한정될 뿐, 여전히 결혼이 '개인'과 '개인'의 일이라고 보기는 어려운 듯하다.

아이에게 해야 할 사과를 아이 엄마와 주고받은 나, 신체발부수지부모 가족관의 마력

얼마 전, 편의점에서 물건을 사려고 머뭇거리다가 아이와 살짝 부딪힌 적이 있다. 뒤에 아이가 있는 줄 모르고 내가 갑자기 뒤돌아서는 바람에 벌어진 일이다. 아이는 열한두 살로 보였고, 내 팔이 아이 이마를 살짝 쳤다. 나는 놀라서 어쩔 줄 몰라 하며 괜찮은

지 물었다. 그 짧은 순간에 존댓말을 해야 할지, 반말을 해야 할지 고민했다. 결국 반말이 튀어나왔는데 그 고민 탓인지 매우 어정쩡한 목소리로 말이 나왔다.

아이도 조금 놀랐을 테다. 그렇지만 아프지 않아서인지 아무 말이 없었다. 대신 그 옆에 서 있던 엄마로 보이는 여성이 괜찮다고 대답했다. 나는 아이에게 미안하다고 했다. 그 엄마에게도 미안하다고 사과했다. 물건을 고르고 나서 다시 한 번 미안하다며 아이에게 과자 한 봉지를 건넸다. 아이와 엄마가 편의점 안 테이블에서 컵라면을 가운데 두고 앉은 터라 당시에는 잘 인지하지 못했는데, 나와서 생각해보니 내가 과자를 건네고 미안하다고 다시 사과한 대상은 아이 엄마였다. 괜찮다고 고맙다고 대꾸한 사람도 엄마였다.

그러고 보니 처음에 내가 왜 엄마에게도 사과했을까 의아했다. 괜찮든 괜찮지 않든 대답한 사람이 아이 엄마였던 사실도 뭔가 이상하게 느껴졌다. 그 또래 아이들이 모르는 어른이 건네는 말에 대답을 잘 하지 않는 성향이 있다면, 엄마는 아이에게 자기 상태나 기분이 어떤지 말하라고 독려하는 게 맞지 않을까? 당시 상황은 아이가 내 팔에 부딪히는 광경을 모두 지켜본 엄마가 '괜찮은 일'이라고 판단하고, 아이 대신 나와 상황을 수습한 것이다. 나 역시 아이보다 그 엄마를 신경 쓴 게 사실이다. 아주 어리지 않고 스스로 어느 정도 판단할 수 있는 나이의 아이인데도 나와 그 엄마는 아이를 무의식적으로 유아 취급하고, 마치 그 엄마의 소유인

양 군 셈이다.

어느 소셜 미디어에 결혼을 앞둔 여성이 고민을 올렸다. 이 커플은 서로 뜻이 맞아 아이 없이 살기로 했다고 한다. 결심이 확고한 나머지 상대 남성은 정관수술을 계획하고 부모에게 말했다. 그런데, 아들의 결정을 들은 부모가 이렇게 대답했다고 한다. "너 낳은 사람이 누구야? 나(부모)지! 그러니 네 몸에 관한 일을 결정할 땐 내 동의를 받아야 해." 고민을 올린 여성은 예비 시부모 입장을 이해 못 할 바는 아니지만, 부모가 다 자란 자식의 몸에 관한 권한을 주장하는 태도를 보일 정도로 자식을 자기 소유인 것처럼 군다면 자신들의 결혼 생활에도 영향을 미치지 않을까 겁먹고 걱정하는 상태였다.

'개인'을 기본 단위로 하는 민주주의 사회에서 결혼이 봉건시대처럼 여전히 가족 집단의 결합 성격을 탈피하지 못하고 있는 원인이 비단 공적 복지 시스템 미비나 외부의 시선 같은 외적 환경 탓만은 아닐 것이라고 생각한다. 그 못지않게 주요한 원인은 가족관 아닐까. 이른바 '자식은 부모가 만든다'는 무의식적인 생각이다. 한국에서 부모가 자식을 키우는 이유는 대부분 자신과 배우자가 '만들어' 낳은 생명이기 때문이다. 한마디로 '신체발부수지부모'다. 한국에서 오래전부터 내려오는, 한국인의 몸에 깊이 각인됐을지도 모르는 가르침이다. 이 말이 뜻하는 바는 자기 몸을 소중히 하라는 것인데, 문제는 그 이유다. 자기 자신이 아니라 부모를 위해서다. 부모가 자식을 보살피는 이유가 자기가 만들어

낳았기 때문이듯, 자식이 효도하는 이유 역시 그들이 내 몸을 만든 사람이기 때문인 것이다.

이 험난한 세상에서 자기 몸을 소중히 다루는 건 중요한 일이다. 이런 세상에서 혼자 설 수 있을 때까지 나를 보호하고 이끌어주는 부모의 노고 역시 커다란 은혜다. 다만, 이 말이 오늘날 민주주의 사회에서 문제가 되는 건 내 몸을 부모가 만들었다는, 그 전제가 강조하는 '의지'와 관련한 부분 때문이다. 부모가 내 몸을 만들어 낳았다는 시각은 자식, 즉 '나'라는 생명이 탄생하기까지 필요한 의지와 수고 가운데 오로지 부모의 몫을 강조한다. 내가 태어나는일에서 나의 의지나 수고를 소홀히 한다. 신체발부수지부모라는 말은 태어나는 당사자의 의지나 수고의 몫에 대한 여지를 주지 않고 부모에게 주목하도록 만드는 경향이 있다. 이는 자연히, 나는 부모의 결정에 따라 태어날 수밖에 없는 존재라는 자아관을 형성하는 데 무의식적으로 큰 영향을 미치지 않을까.

가족이 될 새로운 구성원을 이처럼 피동적 존재로 인식하는 태도는 봉건사회에서 아무런 문제가 되지 않았다. 오히려 필요하고 바람직한 세계관이었다. 신분과 직위, 나이 등을 기준으로 높거나 많은 것에서 낮거나 적은 것 순으로 줄 세우는 방식을 사회질서의 근간으로 삼았기 때문이다. 이런 사회에서 아랫사람은 윗사람을 군말 없이 따르면 된다. 윗사람이 알아서 챙겨주고 다스리기 때문이다. 따라서 언제나 윗사람이 중요하다. 윗사람은 지혜로워야 하고, 그의 판단은 늘 옳은 것이라 여겨진다. 모든 결정권은 그에게 있다. 가족 일에서도 연장자인 부모의 의지와 수고가 중요하지, 자식의 의지는 중요하게 여길 사항이 아니다. 살면서 치르는 가장 큰 행사인 결혼, 그리고 그 결혼으로 이룬 새로운 가족과 관련한 일에서 오늘날까지 부모의 권한이 이토록 여전한 현상은 신체발부수지부모에서 기인한 가족관의 영향 탓 아닐까.

봉건시대라면 새로운 가정을 꾸리려는 자녀의 가족계획에 관여하기 위해 다 자란 자식의 몸에 권리를 주장하는 부모의 태도로 고민하는 사람도, 그런 부모가 너무하다며 문제 삼는 사람도 없었을 테다. 오히려 이를 두고 고민하는 청년이 손가락질 받았을 것이다. 새로운 가족에 관련한 일을 결정하는 주체는 부모이고, 그 결정에 따라 당사자인 자식의 성공이나 안락 같은 삶의 환경이 결정되기 때문이다.

오늘날은 그렇지 않다. 아이를 낳는 일이나 결혼을 결정하는 일에서 문제가 생긴다면 이를 책임지는 사람은 당사자다. 가문(집단)의 흥망성쇠에 자기(개인) 삶이 결정되는 과거와 달리, 오직 당사자가 자기 삶에서 일어나는 일을 책임질 수 있다. 아무리 부모라도 아이가 있는 가족을 만들든 다른 어떤 배우자와 어떤 가족을 만들든 그에 따른 기쁨이나 고통을 대신 부담할 수 없는 구조 아닌가. 따라서 오늘날 부모가 실질적으로 해줄 수 있는 건 '결정'이나 '동의'가 아니라, '조언'이라는 매우 소극적인 역할뿐이다. 신체발부수지부모가 유용하던 시대와 오늘날 부모의 권한은 사뭇 다른 것이다.

이런 현실을 간과하고 여전히 신체발부수지부모라는 무의식적 관념에 기인해 나 아닌 다른 사람의 삶에서 중요한 결정에 깊이 관여하려 한다면 좀처럼 의도하는 바를 얻지 못하리라. 이는 자식도 마찬가지고.

—— 대학 중퇴라는 자식의 갑작스런 결정을
그녀가 존중할 수 있었던 건

몇 해 전, 관찰 예능 프로그램 〈엄마가 뭐길래〉에 출연한 강주은(영화배우 최민수 아내)이 아들과 대화하는 모습이 화제였다. 캐나다 명문대에 다니는 큰아들이 갑자기 말했다. "여름방학 끝나도 다시 학교로 안 가." 휴학을 했다는 것이다. 눈이 휘둥그레진 엄마는 놀란 마음을 감추고 침착하게 물었다. "언제부터 생각한 일이야? 혹시 이미 결정이 끝난 일을 알려주는 건 아니니?" 목소리는 차분했지만, 엄마는 아들의 결정에 선뜻 동의하지 못하고 머뭇거렸다.

속마음을 털어놓는 인터뷰에서 왜 머뭇거렸는지 묻자 그녀가 대답했다. "저와 상의하지 않고 혼자 결정한 것에 놀랐어요." 그녀가 놀란 건 아들이 학교에 다니지 않겠다고 해서가 아니라 그런 중요한 결정을 혼자, 엄마의 도움을 구하지 않고 해서다. 그녀는 엄마에게도 생각할 시간이 필요하다며 아이를 방에 들여보냈다.

아이가 사라지자 그녀는 소파에 쓰러졌다. 속마음 인터뷰에 따르면 그녀는 소파에 엎드려서, 아이 의견에 동의할지 말지를 고민한 게 아니라, 중요한 일을 혼자 결정하는 아들의 모습을 받아들이려고 한 것 같다. "품 안의 자식이라는 말이 있잖아요. 아이가 갑자기 (학업 문제를 어떻게 할지) 이미 결정했다고 했을 때 '내 품 안에서 나갔다'는 허전함…… (아들이) 성인이 돼가는 과정이구나. 내 아기가 아니라 한 사회의 인격체가 되고 있구나. 이제 성인이 됐구나(라는 생각을 했어요)."

그녀는 엄마가 동의하지 않으면 결정을 번복하겠냐고 물었고, 아들이 당연하다고 대답하자 크게 안도했다. 다시 공부를 계속하고 정상적인 과정을 거치도록 아들의 마음을 돌릴 여지가 있어서가 아니라, 아들에게 여전히 자기 존재 가치(필요성)를 인정받는다는 사실을 확인했기 때문이다. 그녀는 그런 아들에게 고맙다고 말했다. 아들이 부모의 조언을 '들어줄' 여유가 있다는 사실에 기뻐하고 안심했다. 강주은·최민수 부부는 이제 아이의 일을 결정하는 리더가 아니라, 아이에게 그저 조언해주는 응원자로 바뀌었다. 아들에게 고마운 건 비록 자기 품을 떠났지만, 여전히 뒤에서 응원할 수 있도록 허락해줬기 때문이다.

요즘 육아로 고민하는 젊은 부모들이 귀담아듣는 조언 가운데 하나는 아이를 손님처럼 대하라는 말인 것 같다. 잠시 자기 집에 찾아왔다가 언젠가 떠날 사람으로 여기라는 의미다. 이런 조언을 하고, 이런 조언에 귀를 쫑긋 세우게 만드는 근본적인 이유 가운데 하나가 많은 부모가 아이를 '자기 소유'로 여기는 사고방식에서 벗어나지 못하기 때문일 테다. 강주은과 아들의 대화가 화제가 된 것 역시 그런 부모가 되고 싶은 열망은 있는데, 생각처럼 되지 않는 현실을 방증하는 현상이리라.

반면 방송에 비친 모습을 보면 최민수·강주은 부부는 평소 아들을 자기 소유라고 생각하는 경향이 적었던 것 같다. 아들이라고 해서 알 수 없는 삶, 까딱하면 나락으로 빠질 위험이 도사리는 삶에서 많은 사람이 군말 없이 거치는 행로를 이탈하겠다는 아들의 결정이 두렵고 걱정되지 않았을 리 없다. 이처럼 담담하게 아들의 결정을 존중하고 자기 품을 떠나는 아들을 받아들일 수 있는 것은 그저 아이 몸이 자기 몸집만큼 커서가 아니라, 부모와 별개인 또 다른 삶의 주체로 본 덕 아닐까. 이런 시각을 갖고 이를 실천할 수 있었던 건, 적어도 강주은의 경우는 캐나다라는 서구권 문화에서 자란 영향이 있을 듯하다.

가족과 사회를 탐구하면서 자식을 부모의 소유로 보느냐 아니냐는 사회적으로 근대를 구분하는 중요한 기준이라는 사실을 발견했다. 결혼처럼 개인의 삶에 지대한 영향을 미치는 중요한 결정을 가문의 번영과 이익을 위해 부모가 결정하는 관행은 일단 자식을 부모의 소유라고 여기는 관념을 전제로 한다.

유럽, 특히 식민지 농촌 사회에서도 근대 초기까지는, 우리가 흔히 아는 조선 시대 부모와 자식 관계처럼, 자식을 부모의 소유로 생각하며 부모에 대한 자식의 의무를 강조했다고 한다. 자식이 부모의 말에 불복종하는 것은 주요한 범죄로 간주했다.[19] 지역과 문화적 배경을 막론하고 봉건시대 자식은 부모를 위해 살고 죽는 존재였는데, 바로 이런 관념이 깔려 있었기 때문이다. 한반도에서는 유교 이념을 국가의 근간으로 삼았기에 조선 중기 이후 이런 사고방식과 관행이 좀 더 심했을 뿐, 이와 같은 태도는 서구인이라고 다를 바 없었던 것이다.

서구에서 이런 관념이 바뀐 건 자본주의와 산업 발달에 따른 인권 의식 향상 덕이기는 하지만, 그 근본에는 중세 내내 그들이 정신세계를 지배하며 사회의 도덕 역할뿐만 아니라 정치적 영향력을 행사했던 기독교(가톨릭과 신교)의 영향이 있다.[20] 그 핵심은 사후에 신 앞에서 개별적으로 심판 받는다는 주장의 근거가 되는 영혼의 개별성 관념이다. 영혼이 개별적이라면 피와 살은 부모가 만들 수 있을지 몰라도, 영혼은 결코 부모가 만들 수 없는 것이 된다. 영혼은 신의 목소리를 들을 수 있는 매개로, 신이 부여하는 것이기 때문이다. 따라서 아이는 이를테면 부모의 자녀이기 전에 신의 자녀다. 이는 부모 역시 마찬가지다. 부모는 신의 자녀로서 또 다른 신의 자녀를, 그가 신의 뜻을 실현할 동력인 자기 '의지'를 스스로 발휘할 수 있도록, 대신 맡아 키우는 의무를 다하는 것이다.[21]

이를 기독교라는 특정 종교의 독특한 세계관이라고 여길 수만은 없다. 아프리카 어느 부족은 아이가 태어나면 이름을 '짓는' 게 아니라, 아이 이름이 무엇일지 '찾고 발견'해야 하는 것으로 인식

한다고 한다. 어느 가족이나 사회에서 태어남으로써 자기 존재를 드러낸 아이는 그 자체로 자기 정체성과 삶의 스토리를 어느 정도 갖춘 것으로 본다는 의미다. 한국인에게 익숙한 방식으로 생각하면 '운명'과 비슷한 것일 테다. 따라서 그 부족은 아기를 이름 없는 존재가 아니라 이미 자기 이름이 있는 존재로 여긴다는 것이다.

하지만 의사소통할 수 없는 신생아의 이름을 어떻게 알아낼까. 이들은 "이 아이는 누구일까? 왜 우리에게 왔을까?"라는 질문을 염두에 두고 "이 아이가 여기에 오려는 욕망을 표출한 이래",[22] 즉 엄마가 아이를 임신한 뒤 엄마와 그 친지, 가족, 친구, 이웃, 동네 등에 무슨 일이 있는지 살피고, 그 의미를 찾는다고 한다. 이들에게 아이의 이름은 아이 주변을 신중히 탐구해서 '발견'해야 할 것이지, 부모가 자기 소망을 담거나 작명가가 액운을 피하고 행운을 불러올 이름을 '지어서' 아이에게 '주는' 것이 아니다. 이때 부모와 사회 어른들은 오히려 아이에게 선택된 피동적 객체가 되고, 주체인 아이에게서 요구받은 일을 하는 사람에 지나지 않는다고 볼 수 있다. 이런 방식을 원시적이라고 한다면, 그래서 더 자연의 원리에 가깝다고 생각할 수도 있지 않을까.

가족은 '나'의 선택과 동의로 만든 공동체

자주 만나던 친구 가운데 하나가 한동안 소식을 끊은 적 있다. 전화도 받지 않고, 메시지를 보내도 묵묵부답이었다. 친구들과 나는 너무 놀라서 급기야 집으로 찾아갔다. 알고 보니 임신 때문이었다. 임신한 지 얼마 되지 않아 조심하고 싶었던 것이다. 그날 이후 우리는 산후조리원에서 친구를 다시 만났다. 그때가 초산이었지만, 친구가 임신한 건 처음이 아니었다. 몇 해 전에 임신을 했는데, 석 달쯤 지났을 때 유산했다. 병원 침대에서 친구가 얼마나 울었는지 모른다. 그리고 다시 아이를 갖기 위해 무던히 애썼다. 임신이 잘되지 않자, 시험관 시술을 몇 차례 시도하다가 겨우 임신했다. 친구는 그런 경험 때문에 반드시 출산에 성공하고자 두문불출 꼼짝 않고 지낸 것이다. 자신이 할 수 있는 최선을 다했다.

다행히 친구 부부의 노력은 빛을 발했지만, 최선을 다한다고 누구나 임신과 출산에 성공하는 건 아니다. 직장 동료였던 한 사람은 그때 막 아이 백일이라고 한껏 들떠 있었다. 요즘 세상에 그까짓 백일이 뭐라고 유난을 떠나 싶었는데, 알고 보니 엄청 힘들게 얻은 아이였다. 그 부부는 임신하려고 10년 가까이 노력했다. 처음엔 당연히 자연 임신을 시도했는데 실패를 거듭했다. 병원에서 검사도 해봤지만, 부부 모두 아무 이상 없다고 했단다. 그 노력은 시험관 시술로 이어졌다. 근 5년을 했다던가, 임신을 위한 노력이

유산했다가 임신한 내 친구 저리 가라였다. 그런데도 조기 유산은 커녕 임신조차 되지 않았다. 부부는 완전히 포기하고 여행을 갔는데 전혀 생각지 못하게 거기서 임신을 했다. 그 아이가 백일을 맞은 것이니 부부의 호들갑이 이해되고도 남을 일이었던 것이다.

어느 병원에서 자료를 분석한 결과[23]에 따르면, 2013년 기준 자연유산율이 22.1퍼센트에 달했다. 20대와 30대의 자연유산율도 각각 20퍼센트 안팎이라고 한다. 이 가운데 90퍼센트가 임신 12주 미만에 발생하는 조기 유산이다. 실제로 조기 유산은 당사자에게 큰 아픔이지만, 의학적·사회적으로 조기 유산을 큰 문제나 걱정거리로 여기지 않는다. 그만큼 쉽고, 흔히 생기는 일이기 때문이다. 흔한 만큼 원인을 밝히기 쉬울 것 같은데, 전문가들도 정작 그 원인을 잘 모른다는 점은 의아하다. 의학적으로 태아의 염색체나 호르몬 이상 혹은 산모의 면역학적 요인을 꼽기는 하지만, 유산 원인을 알기 어려운 경우가 많고, 내 친구나 직장 동료처럼 부모에게 아무 이상이 없는 경우도 있다.

자연 임신이 생각보다 쉬운 일이 아니라면, 인공수정을 하는 시험관 시술은 성공 확률이 높아야 하는데 그렇지 않다. 성공률 30퍼센트, 즉 열에 예닐곱은 실패한다고 한다. 시험관 시술은 산모는 물론 남편까지 상당한 시간과 노력이 필요한데, 애쓰는 것에 비하면 더욱 실망스러운 수치다.

흔히 믿듯이 아이를 얻는 일이 부모의 의지와 노력에 달렸다면, 이런 일은 납득하기 어렵다. 적어도 극히 드물고 기이한 현상이어야 한다. 한편, 이렇게 부모가 아무리 열망하고 노력해도 소용없는 경우가 적잖은 반면, 부모가 의도하거나 원치 않는데 아이가 생기는 경우도 많다. 요즘엔 낙태 시술 기법이 있지만, 조선 시대에는 언덕에서 구르고 높은 데서 떨어져도 유산되지 않아 낳아야 했다는 얘기가 있지 않은가.

그렇다면 직접 낳지 않는 입양은 부모 뜻대로 수월하게 성공할까? 공개 입양으로 유명한 연기자 신애라는 늘 강조한다. 입양한 두 아이를 가슴으로 낳았다고. 자기가 출산한 것에 견줄 만큼 쉽지 않은 과정을 겪었다는 사실을 강조하는 말이다. 실제로 입양이라고 해서 쇼핑하듯이 고를 수 있는 게 아니다. 몇 달 동안 아이를 돌보러 다니는 것을 비롯해 여러 과정을 거쳐야 한다. 부모가 심리적으로 느끼는 그 과정은 마치 아프리카 원주민이 아이 이름을 '발견'하듯이, 여러 아이 가운데 숨어 있는 내 아이를 '발견'해야 하는 것과 비슷하지 않을까. 과학적으로나 객관적으로 입증하기 어려운 일이지만, 입양한 부모는 여러 아이 가운데 특별한 느낌이 드는 아이가 있다고 말하는 경우가 많다고 한다. 스스로 움직이지 못하고 의사 표현을 하지 못하지만, 어쩌면 아이가 자기를 선택하라는 텔레파시를 보내고 있는지도 모른다는 생각이 든다고 할 정도로 말로 표현하기 힘든 끌림이 있다는 것이다.

이런 정황을 고려하면, 나는 좀처럼 부모가 아이를 만든다고 여겨지지 않는다. 아이가 세상에 존재를 드러내는 데 부모의 의지와 노력이 더 많다거나 결정적이라고 믿기도 어렵다. 아이를 갖고 싶다고 쉽게 가질 수 없는 경우는 오히려 아이의 의지와 결정이 반 이상을 차지한다고 여겨도 억지스럽다고 치부하기 어려운 현상 아닐까. 아이가 태어나는 일에서 부모는 보조적이고 수동적 역할을 하는 데 지나지 않는 것 아닐까 하는 생각이 들 정도다.

이런 점을 고려하면 아이를 내 소유라고 생각하기 어렵다. 인간은 누구나 애초부터 (신에게서 받았든 자기 고유의 것이든) 어떤 뜻이나 자아실현이라는 임무를 갖고 태어난다는 의미를 함축한다고 볼 수 있다. 영혼은 그런 자기 '의지'를 실현하기에 적합한 부모나 가족 (구성원이 있는) 집단을 각자 선택한다는 관념도 형성할 수 있다. 이에 따르면, 부모와 아이는 독립적이고 평등한 존재가 된다. 아이는 독립적으로 평등하게 존재하는 생명체로서, 자기 '의지'가 있고 이를 실현할 잠재적 능력을 갖고 부모를 선택한 것이기 때문에 부모와 동등한 자격으로 그 가족 (집단이 아닌) 공동체를 구성하는 주체의 위치에 설 수 있다. 이렇게 독립적이고 평등한 존재들이 공동체 생활을 한다면, 그 관계는 '계약'으로 성립돼야 할 테다. 지시나 명령, 순종이나 복종은 위계 서열 관계에서나 가능한 것 아닌가.

실제로 서구 근대화의 사상적 기초가 되는 홉스와 로크, 루소의 《사회 계약론》은 전부 이런 가족관을 바탕으로 부모와 아이의 관계를 설명한다. 이는 서구 근대사회의 기틀인 '사회 계약론'이 여느 근대화 후발 주자의 국가 형성 계획처럼 국가와 사회 모델을 사회 구성원의 관계에 적용한 게 아니라, 그 반대로 서구인의 잠재의식에 폭넓게 퍼져 있던 관념을 이론적으로 정리한 것에 지나지 않는 것이었다고 할 수 있지 않을까. 비록 사회 구성원이 모두 명확하게 자각하지는 못했겠지만, 가족 관계에 대한 시각과 관념은 다른 공동체 관계에 대한 시각에도 적용되기 마련이다. 신분과 나이, 재산, 지위를 막론하고 모든 사람을 사회적으로 평등한 존재로 설정하고, 그들이 각자 스스로 자기 삶을 영위할 수 있는 주체자로서 국가라는 사회적 공동체를 설립한다는 근대 민주주의의 기초 개념은 이러한 가족관에 바탕한 것이리라.

한국전쟁이 벌어진 시기만 해도 삼촌이나 사촌까지 가족이라고 생각했다고 한다. 지금은 삼촌이나 사촌을 친척이라고 생각하지 가족이라고 여기지는 않는다. 이런 변화를 보면 가족관은 고정불변한 것이 아니다. 따져보면 어떤 과학적 근거에 입각한 것도 아니다. 가족관은 특정한 진리가 아니라 사회체제와 어우러지는 가치관에 가깝다. 그러니 우리도 신체발부수지부모 같은 종전의 가족관에서 벗어나, 새로운 가족관을 발전시키지 못하란 법 없다.

나는 아이든, 어른이든 모든 인간은 태어날 때부터 주체적으로 가족을 선택하고 형성한다는 가족관이 신체발부수지부모 가족관이 강조하는 효도나 우애, 협력 같은 태도를 더 진실한 것으로 만든다고 생각한다. 내가 이 세상과 사회, 부모를 선택했다고 생각하면 부모에게 고마운 마음이 든다. 그들은 그런 내 결정을 긍정하고, 내 삶의 계획에 동참하기로 기꺼이 동의했으며, 그들 나름

대로 나를 지원하기 위해 애써줬기 때문이다. 이런 생각을 바탕으로 한 효도는 그저 유교적 당위성에 입각한 의무가 아니다. 마음에서 우러난 자발적이고 주체적인 보답이다.

한편 어쩌다 임신한 경우라도 내가 자녀를 낳는 일 역시 내 부모를 선택한 것처럼 주체적 선택이 된다. 부모가 내게 한 것처럼 나도 아이가 계획한 삶을 기꺼이 긍정했고, 세상과 아이 사이에서 가교 역할을 하는 데 동의함으로써 그 계획에 참여하기로 한 것이기 때문이다. 이 참여는 아이뿐만 아니라 부모 자신을 위한 일이기도 하다. 어느 상담사가 내게 조언한 적 있다. "(아이를) 키운다고 흔히 말하지만, 아이는 스스로 크는 것 같아요. 아이와 함께 지내는 동안 내가 배우는 게 더 많고요. 아이를 통해서 내가 성장하는 것 같더라고요."

남편의 투병을 '우리'가 아니라 나 '개인'의 일로 만들다

남편이 항암 치료와 투병 생활을 시작했을 때, 옆에서 지켜보며 자꾸 미련한 생각이 들었다. 후회다. 평소 나는 후회를 가장 미련한 태도라고 생각했다. 후회는 그저 과거의 잘못을 뉘우치는 데서 끝나는 게 아니라, 돌이킬 수 없는 자신의 선택이나 행동을 탓하고 원망하는 마음을 의미하기 때문이다. 아무리 잘못했어도 지나간 일에 마음 쓰는 건 쓸모없지 않은가. 그런데 그때는 알면서도 미련한 마음이 들었다. 그 후회는 물론 결혼에 관한 것이었다.

그 후회는 목숨이 위험할 정도로 아픈 사람과 결혼한 사실이 아니라, 결혼을 서두른 내 조급함에 대한 후회였다. 나는 그와 만나고 두 달쯤 됐을 때, 결혼할지 말지 혼자 고민했다. 두 달이나 만나는 동안 마음에 아무 거리낌 없는 사람은 그가 처음이었기 때문이다. 계속 데이트할 거라면 결혼하는 게 낫지 않을까, 어차피 결혼할 사람과 데이트하면서 시간과 돈을 쓰는 게 아깝다는 생각이 들었다. 은근하게 에둘러 결혼하는 분위기로 몰아갔다. 결국 우리는 두 달 뒤에 예복을 입고 주례 앞에 나란히 서 있었고, 1년 반 뒤에 나는 수술실 앞에서 눈물을 쏟아냈다.

내 조급함을 후회한 이유는 남편의 투병 생활을 피할 수 있었으리란 기대 때문이 아니다. 내가 결혼을 서두르는 바람에, 아직 자격이 충분하지 않은데 감히 남편 옆자리를 차지한 건 아닐까 하는 생각 때문이었다. 내가 결혼을 서두르지 않았다면 그 자리는 시어머니의 것이었을 텐데……. 직장 생활만 하다가 결혼해서 요리나 살림에 서투른 나와 달리, 주부 10단인 어머니는 그에게 더 맛있는 음식을 만들어줄 수 있는 분이다. 게다가 엄마다. 엄마가 옆에 있다면 얼마나 더 정성스럽게 그를 보살필까. 간병 측면에서 명함도 내밀지 못할 정도로 부족한 사람이 고작 결혼했다고 그 옆자리를 차지하고 있다 생각하니, 남편에게 미안하고 어머니에게도 면목 없었다. 어머니에게 나는 눈엣가시 같은 존재가 아닐까 하는 생각이 때때로 들었다.

자식의 생명을 위협하는 큰 병 앞에서 부모의 마음이 어떨까. 하늘이 무너지고 사지가 찢어지는 느낌이리라. 특히 자식을 자기 분신이나 자기와 한 몸이라고 생각하는 한국인의 가족관을 고려하면 더욱 그렇다. 그 마음을 알기에, 당신들이 나름대로 걱정과 불안을 드러내지 않으려고 자제했을지라도, 자식 걱정하는 마음에서 내게 이런저런 당부를 할 때마다 안 그래도 부족하다고 생각하던 마음은 더 좌불안석이었다. 여기에 새로운 가족이 아직 낯설고, 시댁과 며느리 관계에 대한 한국 문화까지 더해져 나는 시댁 식구와 있을 때마다 더 수동적이고 소극적으로 반응했다.

이제 와서 솔직하게 반추해보면 어머니 자리를 빼앗았다는 느낌이 든 것은 결혼을 서둘러서도 아니고, 서툰 음식 솜씨나 정성 부족, 부담스러운 어머니의 당부 때문이 아니었다. 이런 것은 전부 표면적 구실(자극제)에 지나지 않는다. 그 뒤에 숨은 진짜 이유, 진짜 내 욕구는 남편의 투병 생활을 책임지지 않으려는 회피였다. 혹여 투병이 부정적 결과로 이어지면 어떡하나 하는 생각이 들 때마다 무척 두려웠다. 위기 상황에 처하면 누구나 그런 생각을 하게 마련이고, 부정적인 생각이 들면 두려운 게 당연하다.

하지만 그 두려움은 남편의 불행을 염려하거나, 혼자될지 모르는 내 처지를 걱정한 데서 비롯된 게 아니었다. 그때 벌어질 일, 즉 온갖 원망과 비난의 화살 등 결과에 대한 책임을 내가 감당해야 한다는 사실에 벌벌 떨었다. 남편의 수술은 가족력이 있는 질병이기에 피할 수도 있는 일이었다. 시아버지가 남편 나이에 같은 수술을 한 사실을 있는 그대로 알려주지 않았음을 남편도, 나도 확진 받으면서 알았다.

이런 정황까지 더해지자, 내가 만든 가족의 일인데도 내 책임이 아니라 덤터기를 쓰는 것 같은 느낌이었다. 이런 속내가 나를 위축되고 소극적으로 만들었다. 수동적이고 소극적인 태도는 이 일은 내 책임이 아니며, 나는 어쩌다 이 일에 휘말렸을 뿐이라는 나름의 표현이었다. 어머니가 있어야 할 남편 옆자리를 내가 빼앗은 듯한 죄스런 느낌 역시 책임을 회피하려는 자기기만이었다.

시부모님이 가족력을 미리 알려줬든 알려주지 않았든, 요리나 간병에 능숙할 만큼 결혼 기간이 길든 짧든, 그와 내가 결혼한 뒤에 벌어진 일이기 때문이다. 그와 내가 꾸린 가족이 독립적인, 정말 새로운 가족이라면 그 안에서 벌어진 일은 일차적으로 그와 내 책임인 것이다.

이렇게 따져보면, 내 욕구가 마땅히 져야 할 책임을 회피하려는 것이었음을 인정하기 어렵지 않다. 그런데도 당시 나는 서툰 자신과 주위 환경, 사람들을 원망하면서 나를 더 괴롭혔다. 그 뒤에 나 자신을 내가 새로이 이룬 가족 공동체의 주체로 생각하지 않은 피동적인 가족관이 있었다. 남편의 가족을 포함한 커다란 '우리' 안에서 다른 사람을 탓하고 그에게 책임을 떠넘기려고 한 것이다.

그 사실을 처음 알아차린 계기는 나를 염려하는 사람들에게서 받은 이혼 권유다. 한 번도 생각지 못한 이혼이 선택지가 될 수 있다는 얘기를 듣고 너무 놀랐지만, 그 덕에 나는 결혼과 새로운 가족을 만드는 일을 다시 진지하게 검토해야 했다. 이 상황이 두렵고 위험해서 회피하고 다른 사람과 새로운 가족을 꾸린다면, 과연 그 가족 안에서는 나를 두렵게 만드는 힘들고 어려운 일이 생기지 않을까? 거기선 내가 마냥 편안하고 행복하게 살 수 있을까? 결코 확신할 수 없는 일이다. 이곳에 올 때도 여기 이런 위험이 있을 줄은 전혀 몰랐다. 건강 상태와 가족력을 미리 점검해서 같은 일을 겪는 건 피할 수 있을지 모르지만, 내가 미처 점검하거나 생각지 못한 또 다른 위험이 생길 수 있지 않은가.

이렇게 구체적으로 생각하니, 막연히 이 고난은 '나'에게 생긴 일이란 느낌이 들었다. 이것이 내가 겪어야 할 몫이라면, 여기서 도망간다고 해도 어떤 형태로 변형돼서든 '나'를 따라오지 않을 리 없다는 생각마저 들었다. 그러자 내가 감당해야 할 몫을 마치 피해자처럼, 내 몫이 아닌 양 수동적이고 피동적으로 받아들이는 내 모습이 보였다. 더구나 이 가족은 다른 누구도 아니고 내 뜻에 따라, 내 의지로 꾸리지 않았는가. 이 가족에 대한 지분 1순위는 내게 있고, 이곳의 주인은 바로 나라는 너무나 당연한 사실이 새삼스레 선명하게 다가왔다.

주인임을 증명하는 최고의 방법은 책임을 지는 것이다. 잠깐 왔다 떠나는 손님이나 아무 지분이 없는 사람이 책임을 지는 건 불가능한 노릇이니까. 그때 비로소 나는 남편의 투병을 (시댁 식구에 포함된 나로서의) '우리' 일이 아니라 내가 해결해야 할 '개인'

의 일로 인식했다. 그제야 내가 내 '의지'로 꾸린 새로운 가족 공동체의 주체로 설 수 있었다. 이제 위축돼 나 자신을 더 괴롭게 만들던 수동적이고 소극적인 태도에서 벗어나 당당해졌다. 비록 심리적인 변화지만, 이 일에 대한 주인 의식을 회복하자 그동안 나를 짓누르던 괴로움이 상당 부분 저절로 사라졌다.

자식 입장에서 신체발부수지부모 가족관은 새로운 가족 공동체를 만드는 당사자인 자기가 그 일의 주체가 되지 못하게 하는 걸림돌이 된다고 생각한다. 이런 관념에 빠지면 피상적으로는 자기 결혼이라고 생각해도 여전히 반쯤은 부모의 마리오네트나 꼭두각시 같은 처지에서 벗어나기 어렵다. 새로운 가족 공동체의 구성원이자 주체가 부모를 자기 가족 공동체를 형성하는 데 일정 지분이 있는 주체로 대우하고, 그 영향력 아래에서 수동적이고 소극적으로 반응하는 나머지 의도하지 않은 주객전도 현상이 생기는 것이다.

결혼이 살면서 치르는 큰 행사인 건 그저 왁자지껄한 이벤트이기 때문이 아니다. 생애 처음, 즉 자기 '의지'를 명확하게 인식하고 나서 처음으로 그 의지에 따라 새로운 '공동체'의 기초를 닦는 일이기 때문이다. 그것은 한 '공동체'의 주체, 즉 주인이 되는 과정을 직접 겪고 자각하면서 자신이 '개인'임을 드러내는 상징이다. 그런 면에서 사회적으로도 중요한 일이다. 민주주의라는 사회체제는 '개인'의 이런 경험 위에 세워지니까.

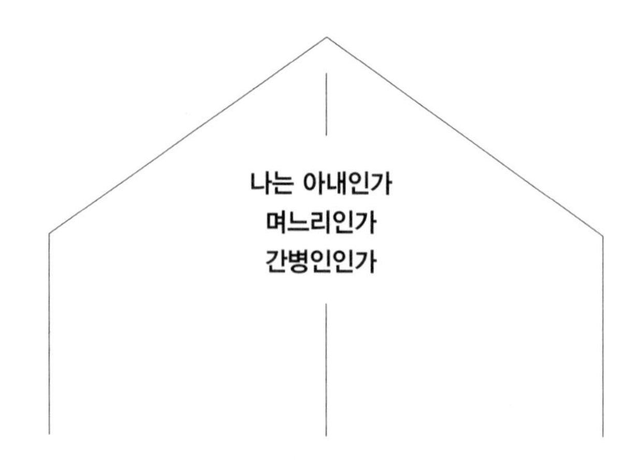

나는 아내인가
며느리인가
간병인인가

결혼 전에는 물론이고 결혼한 뒤에도 직장에 다닌 터라, 갑자기 수술 받은 남편의 끼니를 챙기는 일이 내게 당장 발등에 떨어진 불이었다. 게다가 남편은 수술 후 항암 치료로 체력이 떨어지고 입맛도 없는 상태였는데, 식사는 완치에 매우 중요한 요소로 붉은색을 띠는 고기와 조미료 등을 배제한 건강식이어야 했기에 내게 두 배로 크고 어려운 일로 다가왔다. 내적으로는 내가 만든 가족에 대한 주인 의식을 갖추지 못했기에 시부모님과 함께 있는 시간도 투병 생활의 어려움 가운데 커다란 부분을 차지했다.

그 시작은 퇴원 후 집으로 돌아와 시어머니가 한두 시간에 한 번씩 전화할 때였다. 부모의 걱정스러운 마음을 백번 이해하면서도, 한두 시간에 한 번씩 같은 당부를 듣고 대꾸하는 일은 결코 만만치 않았다. 직접 만나도 다르지 않았다. 한동안 얼굴을 마주하면 건강식 재료와 요리법을 포함한 각종 정보까지 남편 건강과 관련한 얘기뿐이었다. 어머니가 "이렇게 해줘라" "저렇게 해줘라" 식으로 당부하면 나는 "네, 네" 대답하는 게 대화의 전부였다.

돌아보면 내게도 문제가 많았다. 내가 남편의 간병이나 가족 관계에서 주인 의식을 갖고, 또 쾌활하고 씩씩한 성격이라면 좀 더 적극적으로 어머니에게 신뢰를 주고 화제를 다양하게 만들 수 있었을지 모른다. 그 자체로 어머니도 아들 걱정에서 조금 벗어나고 위로도 받았을지 모른다. 하지만 나는 철없이 어머니에게서 도리어 위로를 받으려 했고, 쾌활한 성격도 아니었다. 어릴 때 어른들에게 칭찬 받은 얌전하고 고분고분하고 순종적인 성격이 어른이 되어 새로운 관계를 맺는 데는 전혀 도움이 되지 않았다. 나는 그저 수동적으로 어머니의 태도를 받아들였다.

이런 관계가 지속되다 보니, 문득 '이 새로운 가족 안에서 나는 누구인가' 하는 의문이 들었다. 어머니에게 나는 당신의 며느리, 즉 아들의 아내인가 아니면 아들의 간병인인가? 나는 왜 그와 결혼했을까? 나는 지금 여기서 무엇을 하고 있을까? 나는 과연 그의 아내일까? 혹시 간병인이 아닐까? 어머니가 나를 간병인으로 여기는 것 같았고, 나 역시 혼란스러웠다. 지금 생각하면 나는 역할을 정체성으로 착각한 것 같다. 내가 무엇이고 누구인지를 어떤 상황이나 집단에서 맡은 역할과 구분했다면, 상황과 주위 사람들의 태도에 따라 나 자신에 대해서 그토록 갈팡질팡하지 않았을 것이기 때문이다.

결혼 전에도 주위 환경에 따라 나 자신에 대한 느낌이나 생각을 달리한 적이 있다. 대학을 졸업하자 IMF 외환 위기가 터졌고, 우왕좌왕한 나는 잠시 보습 학원에서 일했다. 그 학원은 서울 근교지만 시골 읍내 같은 곳에 있었다. 버스를 갈아탈수록 기분이 가라앉았다. 창밖 풍경이 조금씩 바뀌는 만큼 나 자신이 초라해지는 것 같았다. 학원에 도착하면 학부모는 나름 신도시 근처라고 학구열을 드러내며 유세하는 듯했고, 원장은 고작 그런 학원을 운영하면서 고용자 행세하며 이래라저래라 했다. 그들 앞에서는 어쩔 수 없이 고개를 숙였지만, 실제로는 건성건성 일했다. 마치 나는 이곳에 속한 사람이 아니라 제삼자처럼 그곳을 대했다.

나름 근사해 보이는 국회에서 일하게 됐을 때, 자존감이 엄청나게 높아졌다. 모든 사람이 주목하고 국가적으로 중요한 일을 하는 사람들을 옆에서 돕는 일을 하자, 나 역시 대단한 사람이 된 것 같았다. 그런데, 그런 느낌은 오래가지 않았다. 인턴을 짧게 끝내고 행정 비서로 시작했는데, 조금 지나니 그곳에서 다른 역할을 맡은 사람들보다 하찮은 일을 한다는 생각이 들었다. 그 생각은 자괴감으로 이어졌고, 급기야 정책 같은 뭔가 더 중요하고 대우받는 것처럼 보이는 일을 해야겠다는 결심으로 이어졌다. 정책 보좌진으로 업무를 바꿨다. 하지만 이내 빨리 승진해서 더 높은 지위로 올라가야겠다는 집착으로 이어졌다. 결국 나는 고갈돼 나자빠졌다. 내가 속한 집단, 거기서 맡은 역할과 지위에 따라 나 자신에 대한 생각과 느낌이 계속 바뀌었기 때문이었던 것이다.

지인에게 서른이 넘어서 의대에 진학한 주부 얘기를 들었다. 힘들게 늦깎이 대학생이 된 이유는 자기 존재에 대한 의문을 풀기 위해서다. 아이 없는 전업주부이다 보니 혼자 보내는 시간이 많았는데, 문득 '나는 무엇인가'라는 의문이 들었다고 한다. 결국 일을 해야겠다는 결론에 이르렀고, 의사가 되기로 한 것이다.

내가 속한 집단과 역할에 따라 나 자신을 다르게 느끼면서 자신이 어떤 사람이라고 생각했듯이, 그녀가 의사라는 특정 직업에 종사함으로써 자기가 무엇인지 규정할 수 있었듯이, 한국에서는 많은 사람이 자기 존재에 대한 의문이나 가치를 특정 역할을 하는 데서 찾는 경향이 많은 듯하다. 한번 태어난 인생, 인류는 아니라도 국가나 사회, 적어도 타인에게 이바지해야 하지 않겠느냐는 식으로 삶의 의미를 자신보다 타인이나 사회(집단)에 대한 기여에서 찾으려고 하는 것 같다.

태어난 이유가 자신이 속한 집단에 기여하기 위해서라고 믿는다면, 자기 정체성은 자연히 거기서 맡은 역할에서 찾아야 할 테다. 그러면, 자기 존재 가치도 그 역할을 얼마나 잘해내느냐, 그 집단에 얼마나 긍정적 기여를 하느냐로 가늠해야 한다. 주로 아버지들이 한평생 직장에 헌신하다가 실직하거나 퇴직하고 나서 방황하는 데는 이렇게 어떤 역할을 자기 정체성이라고 믿는 것과 무관하지 않을 테다. 가족과 자신을 동일시하며 아이 양육에 몰입하던 주부 역시 아이가 자라서 더는 뒷바라지가 필요하지 않을 때, 마치 퇴직한 직장인처럼 방황하는 경우가 있다고 하지 않는가.

존재 의미와 가치를 어떤 역할이나 그 역할 수행 능력, 자신이 속한 집단에 대한 기여에 두면, 그 역할을 잃거나 집단이나 타인에 기여할 능력이 없는 사람은 자신에게나 사회적으로 존중 받기 어렵다. 그렇다면 극단적인 경우 심각한 신체장애로 누워 있어야 하는 사람의 살아가는 의미나 존재 가치는 어떻게 설명할 수 있을까. 한국에서 장애인 권리가 인간의 기본 권리로 자리매김하지 못하고, 온정적이고 감정적인 차원에서 좀처럼 벗어나지 못하는 근본 원인이 혹시 이 때문은 아닐까. 내가 그랬듯이 평범한 사람도 상황이 조금 바뀌면 금세 자신에 대해 혼란스러워하고, 자기 존재 의미와 가치를 찾기 위해 끊임없이 어떤 집단과 타인의 인정을 갈구해야 하고…….

외국인이 솔깃해하는 꿀 팁, 한국에서는 상대방 이름을 몰라도 돼!

방송 리포터로 활동하는 파라과이 출신 아비가일이 어느 방송에서 독특한 한국 문화를 잘 몰라 본의 아니게 실수한 얘기를 털어놓은 적이 있다. 한국으로 유학 왔을 때 기숙사 룸메이트가 대학교에서 살아남는 꿀 팁이라며 여자는 무조건 언니, 남자는 오빠라고 부르면 된다고 한 게 화근이었다. 활발한 아비가일은 룸메이트가 알려준 대로 여자에게는 무조건 언니, 남자에게는 무조건 오빠라고 하다가 그만 교수에게도 오빠라고 불렀다는 것이다.

룸메이트가 아비가일에게 그 팁을 알려주면서 한 말이 인상 깊다. "한국에서는 (상대방) 이름을 알 필요 없어!" 생각해보니 그렇다. 나도 직장에서 홍비(님)이나 홍 비서관, 비서관님이라고 불렸다. 내가 상사를 부를 때는 의원님, 김 보좌관님, 김보님이라고 했다. 다른 의원실로 자리를 옮기거나 기타 사정으로 그 상사와 함께 일하지 않아도 그들을 만날 때는, 친한 경우라면 아비가일처럼 오빠나 언니 같은 가족 호칭을 사용하고, 그렇지 않으면 예전처럼 성씨에 직위를 붙여 불렀다. 직장을 그만두고 나서도 호칭은 변함없다. 나는 이제 그 일을 하는 사람이 아니고, 그들과 내 관계도 그때와 같지 않아 그런 호칭이 어색하고 때로는 진실한 관계가 아닌 것처럼 느껴지지만 어쩔 수 없다. 다르게 부르고 싶어도 방법이 없다.

이름은 어디 갔을까? 누구나 자기 이름이 있지만, 이름을 부를 수 있는 사람은 동갑 친구나 그보다 나이가 많거나 지위가 높은 사람뿐이다. 존경심을 담거나 예의를 갖추려면 대개 어떤 조직에서 맡은(혹은 맡았던) 가장 높은 직책에 '님'을 붙일 뿐, 이름을 부르는 건 하대하는 불쾌한 일로 여겨진다. 그러다 보니 이름 뒤에 그 사람을 높이는 의존명사 '씨'마저 하대하는 조사가 돼가는 지경이다. 마주앉아 있어도 나를 '너'라고 부르라고 하기 어색하다. '너'의 존칭인데도 '당신'이라 부르라고 하는 건 더 문제다. 이제 예전과 다른 사적인 관계지만, 성씨에 예전 직위(현재 그의 직위가 예전보다 높으면 현재 직위)를 붙이는 것이 가장 자연스럽고 편하다.

어떤 집단에서 맡은 역할을 의미하는 직위나 직책이 그 사람의 이름이 되면, 자연히 특정 집단이나 조직에 속한 것이 중요할 수밖에 없다. 자기 정체성을 그 역할로 삼으려고 하는 것도 자연스러운 현상이다. 이름으로 불리는 게 하대를 의미해 서로 기피하는 현상이 자기 정체성의 원천에서 자신을 소외할 뿐만 아니라, 상대에 대해서도 그가 속한 집단과 거기서 맡은 역할로 그의 정체성을 인식하게 만드는 원인 가운데 하나가 될 것이다.

나는 정체성을 쉽게 역할에서 찾으려고 하는 경향, 나아가 각자 이름이 점점 하대의 뉘앙스를 풍기는 호칭으로 사용되는 경향이 한편으로는 우리 사회에서 '직업에 귀천 없다'는 말이 구호에 머물게 만드는 걸림돌이 아닐까 생각한다. 어떤 일을 귀하거나 천하게 여기지 않으려면, 가장 먼저 어떤 일이나 역할과 그 일을 하는 사람을 구분해서 그를 한 인간으로 봐야 하기 때문이다.

흔히 어린아이 손을 잡고 있는 부모가 시야에 들어온 청소부나 공사장 인부 등 몸을 써서 힘들게 일하는 사람을 보고, "공부 안 하면 너도 커서 저런 사람 된다"고 하는 말은 직업이나 역할과 사람을 구분하지 못해서 나오는 대표적인 경우다. 몸으로 하는 일을 꺼리는 성향도 문제지만, 그렇게 많은 사람이 꺼리는 일을 하면 하찮은 사람이 된다고 인식하는 것을 드러내기 때문이다.

마치 내가 서울 근교 보습 학원에서 일할 때나 국회에서 행정업무를 할 때 나 자신을 하찮은 사람처럼 느꼈듯이, 별 볼 일 없는 곳에 속하거나 별 볼 일 없는 일을 하는 사람은 별 볼 일 없는 인간 취급하는 것일 테다. 그러면 아무리 직업에 귀천 없다고 머리로 생각하고 입으로 외쳐도, 실제로는 직업에 귀천을 두지 않을 수 없다. 근사한 곳에서 중요한 역할을 하는 사람은 귀한 인간이고, 보잘것없는 곳에서 별 볼 일 없는 역할을 하는 사람은 천한 인간이라는 무의식적인 관념이 태도로 드러나게 마련이다.

어떤 집단에서 맡은 일을 정체성으로 삼는 태도는 비단 한국인의 특징은 아닌 모양이다. 오늘날 서구인이 사용하는 이름 가운데 지명이나 별명, 세례명뿐만 아니라 직업에서 유래한 성씨가 적잖다. 스미스Smith(대장장이), 테일러Taylor(재봉사), 슈베르트Schubert(신발 가게 주인), 채플린Chaplin(목사), 카터Carter(마부) 등은 직업이 곧 자신을 나타내는 성姓이 된 경우다. 이런 이름의 기원에서 추측할 수 있듯이 어떤 일을 정체성으로 삼은 시대는 아주 오래전이고, 이는 신분제도 덕에 가능했다. 신분은 고정되며 세대를 이어 계속되는 항구적인 것이기 때문이다. 양반, 귀족, 평민, ○○장이로 대변되는 수공업자, 상인, 하인 등은 사회라는 집단에서 각자 맡은 역할을 나타냈고, 그 자리에서 이탈하기는 거의 불가능했다. 대개 대장장이는 죽을 때까지 대장장이, 상인은 죽을 때까지 장사꾼이었다.

가족 집단에서 맡은 가장과 아버지, 어머니 같은 역할도 크게 다르지 않다. 특히 봉건 농업 사회에서 부모라는 위치는 부담해야 할 비용이나 수고보다 자식에게서 얻는 이익이 훨씬 컸다고 볼 수 있다. 우선 교육 기간이 짧았다. 아이에게 오직 공부 잘하기를 바라는 오늘날과 달리, 과거에는 아이가 어려도 집안일을 비롯해 어른의 일손을 톡톡히 도왔다. 대문이 열린 마을의 개방적인 생활 방식 덕에 엄마 혼자 아이를 양육하는 경우도 별로 없었다. 자식은 부모의 노후 보험 역할을 했으며, 부모의 권위와 권한은 절대적인 반면, 자식은 무조건 복종해야 했다. 나이와 신분 등 위계 서열을 사회구조의 기본으로 삼고 신분이 고정되다 보니 사회 변화가 거의 없어, 자신뿐만 아니라 서로를 단순히 집단에서 맡은 역할과 동일시해도 별문제가 없었다.

오늘날은 그렇지 않다. 현대사회에서 이런 역할은 끊임없이 변한다. 신분이 없는 현대인에게는 집단에서 맡은 역할이나 그 위치 이동이 자유롭고 빈번하다. 자기가 맡은 역할을 자기 의지로 바꿀 수 있고, 타의나 환경에 따라 어쩔 수 없이 바뀌기도 한다. 의사가 작가가 될 수도 있고, 요리사가 경영자가 될 수도 있다. 대기업이나 공공 기관 고위직에 있다가 그만두고 자영업을 하거나, 하청업체나 피감 기관에서 일하는 경우도 있다.

이런 환경은 사회적 역할이나 위치 이동의 욕망을 자극한다. 각종 매체에서 쏟아지는 정보도 그렇다. TV와 인터넷에서 한 번도 가본 적 없는 장소와 만나본 적 없는 사람을 접하며 그것을 선망하게 만들지 않는가. 하고 싶은 일과 가고 싶은 곳이 많은데, 하나만 선택해야 할 때는 하나밖에 없는 몸뚱이가 야속할 지경이다.

가족 안에서는 어떨까. 전근대에는 일단 엄마가 되면 딸이나 아내, 자매로서의 역할을 하는 게 그다지 큰 부분을 차지하지 않았고, 별로 중요하지도 않았다. 오늘날에는 엄마 역할 못지않게 딸이나 아내 노릇도 중요하다. 아버지 역할도 마찬가지다. 옛날엔 아버지와 형, 남편 노릇이 가장이라는 역할 하나로 수렴됐다. 이제는 가장 역할 하나로 나머지 역할을 대신할 수 없다.

그래서 현대인에게는 내가 나를 구분할 수 있는 내적 정체성이 긴요하다. 내적 정체성은 이 무한한 가능성을 봉쇄하고, 지금 여기서 무엇을 생각하고 선택할지 정하는 기준이기도 하다. 어떤 면에서 정체성은 삶의 등대와도 같다. 그렇다면 더욱 나 자신에게서 찾아야 하는 것 아닐까.

——— 아내이고 며느리이고 간병인인 나, 그 뒤에 있는 '나'를 찾다

동료 멤버의 갑작스러운 자살로 충격에 빠져 한동안 활동을 중단했던 아이돌 그룹 샤이니가 다시 활동하면서 예능 프로그램 〈라디오 스타〉에 출연한 장면을 우연히 봤다. 그동안 어떻게 지냈는지 밝은 모습으로 얘기하는데, 패널들은 태민이 이전보다 적극적이고 외향적이 된 것 같다고 했다. 태민이 수긍했다. 본래 그는 사람들과 어울릴 기회가 있어도 혼자 있으려고 했다고 한다. 예를 들어 콘서트 일정으로 해외에 가면 다른 멤버가 관광을 하거나 바람 쐬러 나가자고 해도 호텔에 남아 콘서트 생각만 하는 식이다. 지금은 그런 기회가 있으면 선뜻 사람들과 어울리고 농담도 하면서 가벼운 마음을 갖는다고 설명했다.

그러면서 어떻게 이런 변화가 가능했는지 덧붙였다. 예전에는 콘서트 잘해서 성공하는 것이나 더 높은 자리에 올라가는 것처럼 목표와 결과만 생각했는데, 죽기 직전에 삶을 돌아볼 때 남는 건 무엇일까 상상해보니, 일하고 생활하면서 함께 지낸 사람들과 그 사이에서 자신이 느낀 감정이나 모습이 아닐까 싶더라는 얘기다. 동료의 죽음이라는 충격적이고 아픈 사건을 겪으면서, 쉬는 동안 문득 죽음을 가까이 느끼고 자기 삶을 돌아보면서 발견한 사실일 테다.

이렇게 추측하는 건 나 역시 그와 비슷한 계기로 비슷한 생각을 했기 때문이다. 남편이라는 가장 가까운 사람이 말기 암 선고를 받자, 내게도 죽음이 성큼 다가오는 것처럼 느껴졌다. 그러나 나는 오랫동안 그 막연한 두려움에 떨었을 뿐, 좀처럼 삶에 대해서, '나'에 대해서, 이 난관에 대해서 명확한 답을 구하지 못했다.

그때 또 다른 계기로 작용한 소식이 있었으니, 고모부의 퇴직이다. 고모부는 국내 유수의 대기업에서 CEO로 정년퇴직 시기를 훌쩍 넘어서까지 일했다. 일하는 동안 고모부는 회사에서 내준 최고급 자동차를 탔고, 각 분야의 내로라하는 사람들과 친분을 다졌으며, 수많은 사람이 그를 따랐다. 이제 그 자리에서 물러나 평범한 퇴직자가 되니, 정작 손에 쥔 게 없는 듯했다. 일할 때나 대단한 회사에서 일하는 높은 사람이지, 지금은 이를테면 교직에 있다가 퇴직한 이웃이나 작은 가게를 운영하다가 정리한 사람과 크게 다를 바 없는 평범한 자연인이다. 성공이나 승진, 이를 위한 업적 등이 사회적으로나 그 조직에는 중요할지 몰라도, 당사자 개인에게는 그리 중요하거나 영원하지 않으리란 걸 깨달았다. 그러자 비로소 죽음 직전의 상황을 제대로 상상해볼 수 있었다.

샤이니의 태민이 말했듯이, 죽기 직전에 떠오르는 건 성공했을 때나 많은 사람들에게 찬사 받았을 때 상황이나 느낌보다 함께 지낸 사람들과 느낀 감정, 어떤 일을 하면서 느끼고 생각한 내적인 것이라는 생각이 들었다. 이렇게 생각하는 사람에게는 삶이 어떤 성공이나 목표 달성 같은 특정 결과가 아니라 그것을 향해 가는 과정을 겪기 위한 것이 된다. 따라서 그런 사람에게는 그 과정에서 일어나는 느낌, 생각 같은 내적 변화를 지켜보는 것이 중요하다. 나는 내 내적 변화와 성장을 지켜보는 것이 외부 상황이나 변화와 상관없이 내가 나를 알아볼 수 있는 정체성이 아닐까 하는 결론을 내렸다. 내게 어떤 역할이나 일, 사건은 내 감정이나 생각 등을 풍성하게 만들기 위해 그때그때 필요한 재료를 제공하는 수단이다.

어느 소셜 미디어에서 우연히 방송인 박나래가 청년을 대상으로 실패와 자존감에 관해 강연하는 모습을 봤다. 그녀는 코미디를 하면서 아무리 망가지고 우스운 모습이 돼도 별로 개의치 않는다고 한다. 그것은 개그우먼 박나래일 뿐, 인간 박나래가 아니기 때문이다. 코미디를 하는 박나래는 그녀의 다른 많은 모습 가운데 하나일 뿐이다. 이상한 분장으로 우스운 모습을 보여도, 심지어 사람들을 웃기는 데 실패해도 인간으로서 '나'가 실패한 건 아니라는 얘기다. DJ 박나래도 있고, MC 박나래도 있으며, 사람들을 초대해서 음식을 만들어주는 박나래도 있으니까. 한 가지 일에서 실패해도 다른 일에서 잘하면 된다는 태도는 역할과 자신(사람)을 분리하고, 그런 다양한 역할 뒤에 있는 한 인간으로서 '나'를 인식하지 않고는 좀처럼 갖기 어렵다. 나는 평소 박나래의 자신감이 자기를 사랑하는 데서 나온다고 느꼈는데, 그녀는 어떤 역할을 하는 박나래가 아니라 다양한 역할 뒤에 있는 인간 박나래를 있는 그대로 사랑한다는 사실을 알 수 있었다.

남편의 투병 생활 초기, 나는 혼란스러워할 필요가 없었다. 그때 나는 아내이기도 하고 며느리이기도 하며 간병인이기도 했다. 간병인은 당시 내게 부여된 중요한 역할이었고, 아내이자 며느리는 그때뿐만 아니라 앞으로도 내가 수행해야 할 여러 역할 가운데 하나다. 아내든, 며느리든, 다른 어떤 일을 하든 내 뒤에는 그 역할을 풍부한 내적 경험으로 아우를 인간 홍주현이 있다고 할까.

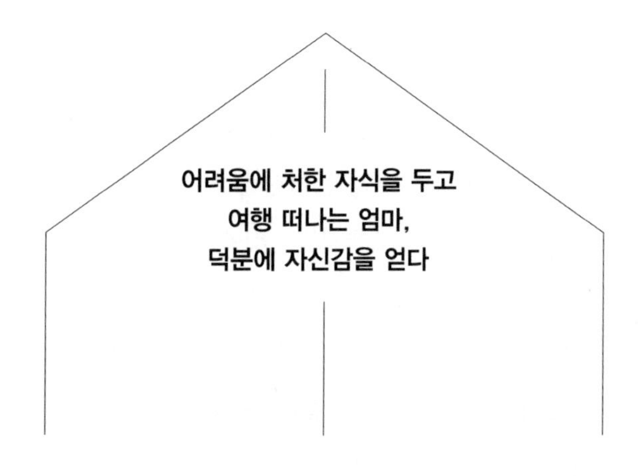

어려움에 처한 자식을 두고 여행 떠나는 엄마, 덕분에 자신감을 얻다

남편이 말기 암이라는 진단을 받고 충격이 조금 가시자, 곧 현실적인 문제들이 엄습했다. 당장 수술 날짜를 받아 입원하는 일이 급했다. 암 환자가 많아서 대개 오랫동안 기다려야 한다고 들었는데, 말기처럼 급한 경우에는 우선권이 있는 터라 비교적 빨리 수술 날짜를 받을 수 있었다.

그다음이 문제였다. 충격을 받아도 당장 알려드려야 할 것 같아 시부모님에게는 주저 없이 연락했지만, 내 부모님에게 알리는 건 조금 달랐다. 자라면서 본 부모님은 힘든 일이 닥쳐도 좌절하거나 약한 모습을 보이기보다 온 힘을 다해 버티면서 이겨나가는 분들이다. 한마디로 쿨한 편이라고 할까. 하지만 그건 두 분의 일이었다. 나나 동생이 큰 문제를 일으킨 적은 없었고, 이제는 내가 부모님에게 그런 인상을 받았을 때 나이를 훌쩍 넘긴 노인 양반들이다. 얼마나 충격 받을지, 혹여 쓰러지는 건 아닐지 오만 가지 생각이 들고 겁이 났다. 나는 결혼한 지 얼마 지나지 않은 딸의 남편이 말기 암으로 수술해야 한다는 사실을 알리는 데 망설였다.

어느 소셜 미디어에서 한 젊은 여성은 평소 친구들에게는 비밀 없이 솔직한 편이지만, 부모에게는 비밀이 가득했다고 고백한다. 그 이유는 잔소리 듣고 싶지 않아서지만, 나름 부모를 생각하는 마음도 크다. 괜한 걱정을 끼치고 싶지 않은 것이다. 그녀는 호주와 뉴질랜드 같은 곳으로 워킹 홀리데이를 하러 갔다가 꽤 오랫동안 유럽에서 지낸 사실, 동남아를 여행한 사실, 외국인 남자 친구를 사귄 경험도 부모에게 말하지 않았다. 자신이 하는 아르바이트도 부모에게는 사실대로 밝히지 않고, 당신들이 수긍할 만한 다른 일을 한다고 말했다. 부모 생각에 힘들 것 같은 일을 하면 걱정스러운 마음에 계속 당부만 하기 때문이다. 선의의 거짓말을 했지만, 그래도 거짓은 거짓이다. 그녀는 한국을 떠난 뒤 부모가 아는 자기 인생은 온통 거짓이라며 불편해했다.

한국 사회에는 자식이 어려운 일을 당하거나 앓아누우면 부모도 자리보전하는 모습이 낯설지 않고, 가족이 어려운 일에 처했을 때 그를 걱정하느라 당사자 못지않게 불안해하는 모습을 당연히 여기는 경향이 있다. 많이 걱정할수록 그에게 관심이 많고 깊이 아끼며 사랑한다고 여기고, 심지어 그런 모습을 바람직하고 숭고하게 보는 경우가 있다는 생각이 들기도 한다.

한편 자식은 걱정할 부모가 염려된 나머지 속 얘기를 잘 하지 않는다. 어려운 상황에 처해서 힘들수록 가족에게는 말하지 않는 것이다. 물론 자기 앞가림할 수 있는 나이에 모든 일을 부모에게 얘기할 필요는 없지만, 가족이 어려움을 나누고 서로 힘이 되는 존재라는 항간의 인식과는 괴리가 있는 모습이다. 힘든 일을 겪는데도 아무 일 없다, 괜찮다, 다 좋다는 식으로 선의의 거짓말을 하는 게 효도라고 여기는 것이다. 그런 가족이 정말 서로 힘이 되는 관계일까?

가족 일에 지나치게 걱정할수록 사랑하고 아끼고 염려하는 마음이 크다고 여기는 만큼, 가족이 처한 어려운 일을 담담하고 의연하게 받아들이면 그에게 무관심하다고 여기는 경향이 있음을 부인하기 어렵다. 이는 뭔가 어떤 식으로든 행동을 보여야 관심과 애정이 있는 것이라고 믿는 데서 기인한 태도가 아닌가 싶다. 가족이 어려운 일에 처하면 다른 가족 구성원이 그 일을 직접 돕거나, 그러지 못하면 걱정하느라 아무 일도 못할 정도로 자리보전이라도 해야지, 마음으로 응원한다면서 멀쩡히 자기 생활을 이어가면 힘들어하는 사람을 돕는 게 아니며, 그에 대한 관심과 애정이 크지 않다고 여기는 경향이 있다고 할까. 이런 관념은 결국 진심 어린 관심과 애정이 있다면 상대가 빠진 물에 뛰어들어 함께 허우적거리듯 힘들어 하고 고통스러워하는 걸 바람직한 태도라고 여기게 만든다.

하지만 자식 입장에서는 부모가 자기 걱정에 힘들어하고, 평소 하던 일을 못 할 정도로 기력을 잃으면서 자기와 비슷하게 고통스러워하면 이중고를 겪는다. 자기에게 닥친 어려움을 해결하기도 벅찬데 부모까지 챙겨야 하기 때문이다. 부모 마음을 편치 못하게 했다는 죄책감은 덤이다. 부모를 비롯한 가족은 그 마음과 달리, 도움이나 힘이 되는 존재가 아니라 오히려 부담스러운 존재가 되고 마는 것이다.

나는 망설이던 끝에 어쩔 수 없이 무거운 마음 졸이며 부모님에게 사위 소식을 전했다. 그런데 부모님은 생각보다 담담하게 받아들였다. 처음에는 당연히 충격 받은 표정을 숨기지 못했고, 며칠 동안 마음 무겁게 지내는 듯했다. 하지만 이내 괜찮은 모습을 보였다. 친구들과 가기로 했던 여행도 취소하지 않았고, 다녀와서는 평소대로 당신들 생활을 했다. 적어도 겉으로는 내 일에 너무 크게 걱정하는 듯 보이지 않았다.

나는 안심했다. 아니, 부모님의 그런 모습은 무척 큰 도움이 됐다. 덕분에 나는 남편의 투병 과정에서 생기는 힘든 감정 같은 것들을 털어놓기 위해 누군가를 멀리서 찾지 않아도 됐다. 내가 속상하고 힘들어한다고 부모님도 괴로워했다면 나는 이중삼중으로 고통스럽고 외로웠을 것이다. 하지만 내가 처한 어려운 상황을 부모님이 의연하게 받아들이는 듯 보이자, 나는 가장 든든한 사람들에게 마음 편히 속 얘기를 털어놓을 수 있었다. 무엇보다 그런 태도가 부모님이 나에 대한 신뢰를 드러내는 것 같아 마음 깊은 곳에서 왠지 모를 자신감이 솟고 불안이 가셨다. 부모님의 담담하고 의연한 태도는 내가 그 힘든 상황을 충분히 이겨나갈 수 있으리라는 믿음 없이 불가능하기 때문이다. 심신이 상한 모습을 보이거나 직접 사위의 간병을 도우려고 하는 식의 도움을 주기 보다 평소 당신들 생활을 하다가 내가 힘든 얘기를 할 때 잘 들어주는 것만으로 가족은 든든한 힘이 됐다.

물에 빠진 사람을 구하고 싶으면 물 밖으로 나와야 한다. 거리를 둬야 한다는 의미다. 구조할 때는 안전 요원조차 튜브를 가지고 들어간다. 그렇지 않으면 적어도 목덜미를 잡고 팔 길이만큼 거리를 유지해서 구한다. 하물며 사랑하는 사람이 물에 빠졌다고 다짜고짜 그 물에 뛰어들면, 구하기는커녕 둘 다 빠져 죽을 가능성이 크다. 설사 물속에 같이 있었다 해도 먼저 물 밖으로 나와야 한다. 그러기 위해서는 먼저 그와 분리되어야 한다.

——— 가족에게 힘이 되려면
'너'와 '나'로 분리하는 일부터

남편이 투병 생활을 하는 동안 내 걱정과 불안은 말도 못했다. 서툰 요리 솜씨나 경제적 문제, 시부모님과 관계 같은 현실적인 문제뿐만 아니라 미래에 대한 두려움에서 오는 스트레스가 무척 컸다. 그 핵심은 당연히 남편의 건강이었다. 남편이 건강하려면 무엇보다 병원에서 권하는 음식을 잘 먹고, 운동도 열심히 해야 한다. 본인의 투병 의지와 꾸준한 태도가 가장 중요하지, 나머지는 그에 비하면 아무것도 아니다.

남편은 그렇지 않았다. 처음 집에 돌아왔을 때는 수술과 독한 항암 치료로 체력이 많이 떨어진 상태인데도 열심히 운동했다. 입맛이 없어도 맹맹하게 조리한 음식을 곧잘 먹었다. 그런데 항암 치료가 끝나고 투병 생활이 조금 익숙해지자, 남편의 습관이 수술하기 전으로 돌아간 듯 보였다. 갓 결혼했을 때 한라산에 오른 적 있는데, 중간쯤 이르러 조금 힘들기 시작하자 그냥 내려가겠다는 걸 어르고 달래서 겨우 목적한 지점까지 갔을 정도로 그는 움직이기 싫어하던 사람이었다. 예전에는 고기를 채소 없이 먹을 만큼 음식도 입에 맛있는 것만 찾았다. 물론 그때 그대로 돌아가지는 않았다. 운동하기 싫어하는 습관이 다시 나타난 정도지만, 병원에서 안내한 지침과 다른 듯 보일 때마다 걱정과 불안이 나를 덮쳤다. 그런 모습은 너무나 위험해 보였다.

나는 가만히 있을 수 없었다. "운동 안 해?" 처음에는 깜빡 잊은 걸 상기시키려는 듯 그저 무심히 권유하는 뉘앙스로 건넸다. "할 거야." 남편은 내 말에 마치 배구에서 공격하기 쉽게 공을 가볍게 띄우듯 답했다. 그런 토스가 몇 번 이어지자, 안 그래도 본심을 숨기고 있던 나는 공격의 유혹을 참지 못했다. 내 스파이크는 그의 스파이크로 돌아왔고, 점점 강도를 더했다. 내가 승리를 거머쥘 때도 있었지만, 경기가 끝날 때마다 나는 지쳐 울부짖었다. '어린애도 아니고 다 큰 어른한테 일일이 이래라저래라 해야 해? 나는 그의 아내지, 엄마가 아니잖아!' 닦달 같은 코칭을 그만두고 싶었지만, 속으로 외칠 뿐 결코 그만두지 못했다. 남편이 하는 대로 놔두면 큰일 나지 싶었다. 그가 선 에스컬레이터 끝에 낭떠러지가 있을 것 같은데 어찌 내버려둘 수 있겠는가. 그건 내 직무 유기 아닐까?! 그를 가만히 지켜보는 건 너무나 괴로운 일이었다.

사랑하는 가족이 어려운 일에 처하거나 중요한 일을 앞두고 있으면, 자기가 대신 해주고 싶은 마음이 든다. 가족이 물에 빠진 걸 보면 즉시 뛰어들려고 하듯이, 대신 해주고 싶은 마음도 일종의 본능인 것 같다. 그런데 그럴 수 없는 경우가 있다. 수능처럼 중요한 시험이 대표적이다. 뒷바라지할 수 있을 뿐 대신 공부해줄 수 없고, 시험을 대신 봐줄 수도 없는 상황에 내가 할 일이라곤 간절한 마음으로 기도해'주는' 것뿐이다.

이때 그 기도는 기도하는 사람의 마음처럼 온전히 다른 가족을 향할까? 기도에는 정말로 어떤 전지전능한 힘이 내 메시지를 받아 다른 사람(가족)의 일이 기도 내용대로 이뤄지도록 도모하는 주술 같은 힘이 있는지도 모른다. 그러나 상식적으로 생각하면 기도의 효능은 일차적으로 기도하는 사람 자신에게 있다는 사실을 알 수 있다. 기도가 정말 주술적인 힘을 발휘하는 주문 같은 것인지 아닌지는 확인할 수 없지만, 그런 주문을 읊조릴 때 뭔가 변하는 것을 느끼거나 알아차린다면 분명 자기 마음이다.

어느 종교인에 따르면, 배우자나 자녀가 시험 보는 동안 혹여 실수해서 제 실력을 발휘하지 못할까봐 걱정하고 불안한 내 마음이 차분해지기 시작할 때, 나아가 최악의 경우 시험을 망치더라도 큰 일은 아니라는 생각이 들어 마음이 더욱 평온해질 때, 그 자체가 기도의 응답이라고 한다. 내 마음에서 불안과 염려가 사라지면 평온하고 의연한 태도를 보일 테고, 시험을 치르는 당사자에게 가족이 자기를 믿는다는 신호로 작용할 수 있다. 사위가 중병에 걸려서 딸이 처한 상황을 듣고도 담담하고 의연한 부모님 모습에 나를 가장 잘 알고 사랑하는 가족이 나를 믿는다는 느낌을 받았듯이, 힘을 얻고 자기 실력을 온전히 발휘할 가능성도 커진다.

무엇보다 자기 불안과 염려를 가라앉혀야 진짜 상대를 위한 일을 할 수 있다. 불안과 염려는 시야를 가리고 왜곡하는 안경의 얼룩처럼 그 뒤에 숨은 자기 욕구를 해소하는 데 급급하게 만들어, 상대가 내게 바라는 진짜 도움이 무엇인지 못 보게 한다. 상대를 위한다고 하는 일이 사실은 그런 내 욕구를 해소하는 일이 되는 것이다.

그게 바로 내 모습이었다. 남편이 반드시 병원에서 알려준 대로 먹고 열심히 운동해야 한다는 내 강박적인 바람 뒤에는, 만에 하나 완치에 실패할 경우에 대한 두려움이 있었다. 과부가 될지 모른다는 두려움보다 무서운 건 여러모로 부족한 나 자신의 죄책감, 치료에 실패했을 때 받게 될지도 모르는 책임 추궁 등이었다. 남편을 다그친 이유는 이런 내 두려움을 열심히 운동하고 모범적으로 먹는 남편 모습을 보며 해소하려고 한 것이다.

가족이라는 이유로 그가 내 두려움을 해소해주길 바라는 태도는 기본적으로 그와 나를 동일시하는 관념 없이는 불가능하다. 표면적으로는 그의 일이고 가족으로서 애틋한 마음으로 그를 보살피는 것처럼 보이지만, 내 마음에 불안과 염려가 가득한 상태에서 그것은 겉과 속이 전혀 다른 위선이고 기만이었다. 내 불안과 두려움을 스스로 해결하지 못하고 그가 내 대신 그 불안과 두려움을 없애주길 바라느라, 나는 속으로 '당신이 어린애냐, 내가 당신 아내지 엄마냐' 불평하면서도 실제로는 엄마처럼 그를 못 미더운 아이 취급하면서 잔소리하고 닦달했다. 그러니 내 보살핌이 남편에게 잔소리로 들리고 곧잘 다툼으로 변했을 만도 하다. 과연 그런 내가 그에게 얼마나 도움이 됐을까.

누구 때문에 생긴 불안이든, 어떤 상황으로 생긴 두려움이든, 불안과 두려움, 걱정과 염려가 있는 곳은 분명 내 마음이다. 따라서 그것을 가장 완벽하게 해결할 수 있는 사람은 자기 자신이다. 가족으로 인해 생긴 불안과 두려움, 걱정과 염려를 스스로 다루는 건, 엄밀히 말하면 가족과 동일시에서 벗어나는 분리 작업이라고도 할 수 있다. 그렇게 가족을 끈적끈적한 '우리' 상태에서 떨어진 '너'와 '나'로 만들 때, 서로에게 힘이 되는 진짜 가족에 다가가는 것일 테다.

'우리'의 자아도취적 만족이 아니라
'너'와 '나'의 진짜 사랑

조카 둘만 데리고 일주일 가까이 여행을 했다. 두 살 터울인 조카는 둘 다 10대 초반으로, 온순하고 얌전하며 순종적인 성격이다. 아기 때부터 부모, 특히 엄마 말을 아주 잘 들었다. 나는 조카 바보다. 부모가 아닌데다 조카 바보라서 아이들에게 싫은 소리를 못 한다. 여행하는 동안 내가 뭔가 지시한 건 작은 팁을 줄 때 정도였다. 예를 들어 겉옷을 가방에 다 넣으면 무거우니 허리에 묶으라는 요령 같은 것이다. 그런데 조카들이 좀처럼 말을 듣지 않는다. 굳이 가방에 옷을 쑤셔 넣거나, 자기가 원래 생각한 대로 하려는 경우가 대부분이었다. 기분 나빴다. '엄마 말은 그렇게 잘 들으면서 나를 무시하나…….' 피곤까지 겹쳐 저녁에는 살짝 분위기가 싸해질 정도로 티가 날 때도 있었다.

돌아와 생각해보니, 나는 조카들이 '거절'했기 때문에 기분이 나빴다는 사실을 발견했다. 특별한 애정이 있는 대상에게서 그들을 위하는 마음을 계속 거절당하자, 사랑하는 사람에게 버림받은 듯한 두려움도 살짝 있었던 모양이다. 무엇보다 상대가 아이다 보니 엄마가 아니라고 해서 권위를 인정받지 못하는 것 아닌가 하는 생각이 들었다. 그런 느낌과 생각이 복합적으로 작용해서 기분 나쁜 걸 감추지 못했던 것 아닌가 한다.

나야 한 다리 건너 관계이니 혼자 삭이려고 애썼지만, 아마 부모라면 거듭된 거절을 받아들이지 못할 가능성을 무시하기 어렵다. 대개 목소리에 힘을 줘 강요하듯 명령하는 게 일반적인 모습이다. 어쩌면 그 목소리에 화가 조금 섞일지도 모른다. 이때는 아이의 '거절'이 그저 거절이 아니라 부모에게 '반항'으로 여겨진다는 의미일 테다. '반항'은 마땅히 복종해야 할 대상이 이를 거부할 때를 의미하는 단어인 만큼, 이런 느낌이 들기 시작하면 아이를 평등한 존재로 존중하지 못하는 것이라고 할 수 있다. 군인이 아닌 이상 나이가 아무리 어려도, 누군가의 보호를 받아야 할 처지라도 다른 사람에게 복종해야 할 의무가 있는 사람은 없다고 머리로는 알지만 자기도 모르게 고압적으로 자기 뜻을 아이에게 관철하려는 태도가 튀어나오는 경우가 적지 않다. 왜 그럴까.

에리히 프롬이 《사랑의 기술》에서 프로이트의 표현을 빌려 설명한 바에 따르면, '자아도취'적 만족 상태에서 얻는 지배욕을 도전 받기 때문으로 볼 수 있다. 아이와 양육자(부모)는 아이를 양육하는 동안 서로 동일시하면서 심리적으로 하나가 된다고 한다. 갓 태어난 아이가 한동안 양육자와 자기를 구분하지 못한다는 사실은 누구나 알 테다. 아이의 감정이나 정서가 양육자의 감정이나 정서 상태에 따라 좌지우지되는 건 바로 이 때문이다. 이처럼 양육자와 아이는 서로에게서 만족감을 얻는데, 그 만족감의 원천을 자기 자신과 동일시한다는 점에서 그 만족은 자아도취적이다. 그리고 이때 양육자에게 전적으로 의존하는 아이 모습에서 부모는 자신의 무의식적 지배욕구를 충족시킨다는 것이다.

한편, 아이는 엄마가 눈에 보이지 않으면 불안해하다가 울면서 엄마를 찾는다. 때로 '분리 불안' 증세를 보이며 다시 부모와 하나가 되려고 하는 것이다. 양육자도 비슷하다. 아이가 엄마를 따뜻함, 만족과 안전이며 자신이라고 느끼듯, 엄마도(정도 차이가 있을 뿐 아빠도) 아이를 자기 일부라고 느낀다. 아이와 마찬가지로 '분리 불안' 증세도 보인다고 한다. 어느 연구[24]에 따르면 위에 설명한 부모처럼 자녀의 거절을 반항으로 받아들이거나, 나처럼 조카의 거절을 거부로 받아들이고 분노하고 서운함을 느끼는 현상이 분리 불안에 따른 두려움 때문에 나타난다는 것이다. 프롬이나 프로이트의 표현으로 하면, (아이나 어른 할 것 없이) 분리 불안에 따른 두려움이란 '자아도취'적 만족을 구할 대상에 대한 상실감이다.

부모에게 이 두려움이 가장 크게 엄습하는 시기는 자녀가 사춘기에 접어드는 때다. 아이의 분리 불안은 부모와 자신을 분리하려는 본능적 욕구에 따라 스스로 만든 현상인 반면, 부모의 분리 불안은 그런 아이 때문에 자기 의지와 상관없이 겪는 현상이어서 그런지 기꺼이 받아들이는 부모가 드문 듯하다. 특히 자기가 아는 것이나 옳다고 생각하는 것, 안심할 수 있고 바람직하다고 여기는 모습에서 아이가 벗어나는 듯 보일 때 가장 힘들어하며 고민한다.

예를 들어 친구의 사촌처럼 청소년 시절 공부도 제대로 안 하고, 귀 뚫고 머리카락을 요란하게 염색하고 음악을 한다면서 학업에 불성실한 친구들과 어울려 다닌다면, 부모는 두고 보기 어려울 것이다. 더욱이 졸업하고 몇 년이 지나도록 한 번도 번듯한 회사에 취직한 적 없이 사업한다고 회사를 차렸다가 말아먹기를 반복하면, 그 녀석 걱정에 세월 폭탄 맞은 꼴이 되지 않겠는가. 누구나 자식 걱정하는 그런 모습이 당연하다고 여기겠지만, 그 걱정과 염려 뒤 깊은 곳에 아직 자녀를 자아도취적 만족의 대상으로 삼는 마음이 있는 건 아닌지 살펴봐야 하지 않을까. 만약 그런 마음이 있다면 자기가 설정한 프레임 밖으로 자녀가 벗어나는 걸 허용하기 어려울 수밖에 없다. 그것은 곧 자녀가 '우리' 밖으로 이탈하는 것처럼 느껴질 테니까.

친구의 사촌은 결국 유수의 외국 회사 한국 지사장이 됐다. 그것도 30대 초·중반에. 그 회사가 한국에 사업 진출을 타진하는 과정에서 친구 사촌의 창업과 회사 운영 경험을 높이 평가한 덕이라고 한다. 그는 분명 행운이 따른 경우다. 친구 말을 들어보면 부모의 영향도 적지 않은 듯하다. 누구나 걱정할 만한 사촌의 행적에 그 부모는 한 번도 혼내거나 잔소리하지 않았다는 것이다. 걱정하는 내색도 비치지 않고, 자식을 완전히 믿어줬다고 한다. 친척을 비롯해 주위에서 혀를 끌끌 차도 아랑곳없이.

결코 쉬운 일이 아니다. 하지만 미래는 기성세대가 아는 것, 생각하고 대응하는 방식을 벗어나는 시도를 통해 발전한다는 사실을 떠올리면 납득하기 어려운 일은 아니다. 인간은 본래 자기가 아는 것, 자기 상태 등을 기준으로 외부의 것을 인식하고 받아들이지 않는가. 그런 시도는 대개 기성세대, 즉 부모에게 위험해 보이고 도전으로 느껴질 가능성이 크다. 때로는 한심해 보일 수도 있다. 이렇게 보면, 결국 어른 말에 고분고분하게 따르기를 바라는 건 자아도취적 만족에서 벗어나지 못하는 '우리'의 일뿐인 것 아닐까. 아이의 미래를 생각한다면, 아이가 '우리' 밖으로 나가도록 문을 활짝 열어둬야 하는 것 아닐까.

가족에 대한 진짜 사랑은 절절한 '우리'로 똘똘 뭉치는 게 아니라, 각자 자기의 날개를 가진 온전한 '너'로서 자유롭게 날아다니도록 서로 지켜보고 응원하는 것이기 때문이기도 하다.

가족이란 '남'에 불과하던 사람들을 '너'로 만드는 연금술사

나는 결혼하기 전까지 엄마와 툭하면 언성을 높였는데, 대개 사소한 일 때문이었다. 하루는 소개팅에 입고 갈 옷을 두고 아웅다웅하다가 감정의 골이 깊게 파일 정도로 다퉜다. 엄마는 예쁘고 귀티 난다며 정장을 권했다. 그때 내 나이가 서른 안팎이었고, 그 소개팅도 가볍게 여기기 어려운 자리이기는 했다. 아무리 그렇다고 소개팅하는데 옷에 있는 대로 힘을 주는 건 민망한 일 아닌가. 엄마 눈에는 우아하고 고급스럽게 보일지 모르지만, 내겐 '나, 실은 촌년이에요. 조심하세요'라고 온몸에 써 붙이고 나가라는 것 같았다.

나는 창피당하고 싶지 않아 완강히 거부했다. 하지만 엄마는 세게 망치질할수록 단단해지는 무쇠처럼, 내가 거부할수록 더 강하게 주장했다. 그 옷을 입어야 한다고, 그게 예쁘다고, 너는 자기 모습이라 모르지만 엄마는 객관적인 입장에서 볼 수 있다고. 결국 내가 졌다. 엄마 뜻대로 위아래 쫙 빼입었지만, 시커멓게 뒤틀린 가슴속 느낌 때문에 똥 씹은 듯 어둡고 칙칙하기 그지없는 낯빛으로 소개팅을 했다.

영화 〈라푼젤〉에서 "Mother knows best!"라고 우렁차게 외치는 계모의 노래를 들었을 때, 내 머릿속에는 엄마가 떠올랐다. 어릴 때부터 내 엄마도 똑같이 말했다. "엄마 말대로 하면 다 돼. 엄마가 해봐서 알아. 엄마 말 들으면 틀림없어. 이게 좋은 거니까 엄마가 하라고 하지, 나쁜 걸 왜 하라고 하겠어." 자아가 생기기 전, 그러니까 엄마와 나를 동일시하던 때는 정말 아무 생각 없이 고분고분하게 엄마가 하라는 대로 했다.

사춘기가 되면서 나만의 욕구가 생겼고, 그때부터 엄마와 격렬하게 부딪쳤다. "싫어, 난 다른 거 하고 싶어!" "이게 왜 싫어, 이게 좋은 건데 도대체 왜 싫어!" 엄마는 당신이 바라는 것과 다른 걸 원하고 해보고 싶어 하는 나를 전혀 이해하지 못하는 듯 보였다. 내가 엄마와 취향이나 욕구가 다른 사람이라는 걸. "엄마는 그게 좋아도 나는 싫을 수 있잖아. 그것까지 엄마가 책임질 수 있어?" "그래, 엄마가 책임질게!"

가슴이 옥죄는 느낌이었다. 천장이 서서히 아래로 내려오는 방 안에 갇혀 짓눌리는 것 같았다. 지금 생각해보면 나를 낳은 근원이 내 선택을 부정할 때, 내 존재 자체가 부정당하는 느낌이었지 싶다. 나는 오직 엄마가 허용하는 것을 할 때, 엄마 생각에 들어맞을 때, 엄마와 같을 때 사랑받았다. 엄마가 허용하지 않는 것, 엄마 생각에 맞지 않는 나, 엄마와 다른 나는 인정받지 못했다. 엄마가 "다 너를 위해서 그러는 거야"라고 말할 때마다 생각했다. '그게 왜 나를 위한 거야, 엄마를 위한 거지…….'

에리히 프롬에 따르면, '자아도취'적 만족을 주는 대상이 해소해주는 욕구 가운데 지배욕 외에 창조욕이 있다. 아이는 부모가 능동적으로 뭔가 만들어내고자 하는 욕구를 충족하는 대상으로 삼기에 더없이 좋은 대상이다. 아이에게서 자신과 비슷한 점을 발견할 때마다 자신이 만들어낸 이 놀라운 생명체가 흐뭇해 어쩔 줄 몰라 하는 엄마 아빠의 모습은 낯설지 않다. 아이에게서 이런 만족을 느끼는 현상이 옳지 않다거나 잘못된 건 아니다. 지극히 자연스러운 본능이다. 이런 욕구 만족에 빠지거나, 자기 본능을 아이에 대한 사랑으로 착각하는 것이 문제다. 이때 아이는 부모의 욕구 충족을 위한 도구에 지나지 않는다. 부모는 애정이라고 믿어 의심치 않겠지만!

자녀나 가족을 사랑하는 이유가 나와 비슷해서, 마치 나를 보는 것 같아서 혹은 내 아이(가족)이기 때문이라면 진짜 사랑이라고 할 수 있을까? 말 그대로 상대에게서 발견되는 '나'를 사랑하는 자아도취적 만족감에 가까운 것 아닐까. 나와 같아서, 내 가족이라서 사랑하는 자아도취적 만족감에 젖은 사람으로 구성된 가족은 공동체가 아니라 한 집단이라고 할 수밖에 없지 않을까. 반면 나와 다르고 이해하기 어려운데도 있는 그대로 인정하고 공감할 수 있다면 그것이야말로 진짜 사랑이 아닐까. 가족은 그렇게 서로 '다름'을 존중하고 각자 독자성을 갖출 때 비로소 집단이 아니라 연대하는 공동체라고 할 수 있는 것 아닐까.

프롬은 자신을 위해 아무것도 바라지 않는 사랑이 진짜 사랑이라고 정의한다. 많은 사람이 자신은 가족에게 바라는 게 없다고 말한다. 프롬이 그 얘길 듣는다면, 그다지 동의하지 않을 것 같다. 그는 가족을 진짜 사랑하는 일에 성공하는 사람이 실제로 많지 않다고 말하기 때문이다. 예를 들어 연약한 아이를 사랑하는 건 쉬운 일인 반면, 대가를 바라지 않고 다 자란 아이를 사랑하는 건 가장 어려운 일이라는 것이다.

왜일까. 비단 천진난만하고 귀여운 외양이 사라져서가 아니다. 다 자란 아이는 자기 뜻대로 되지 않는, 즉 자기에게 무조건 동조하지 않는 나와 '다른' 사람이 돼가기 때문이다. 배우자도 마찬가지다. 처음에는 '어쩌면 나와 이리 똑같을까, 어쩌면 우리는 이토록 잘 맞을까' 싶던 사람이 결혼 생활을 거듭할수록 '어쩌면 나와 이리 다를까, 하나부터 열까지 어쩌면 정반대일까'라는 생각이 들 정도로 콩깍지가 벗겨진 눈으로 본 그의 실체는 나와 전혀 다른 사람이 아니던가.

프롬이 말하는 '바라지 않음'은 '다름'과 관련한 태도에 가깝다. 나와 같기를 '바라지 않고', 나와 '다른' 성격이나 생각, 취향, 욕구, 삶의 방식 등을 있는 그대로 받아들이고 포용하는 것이 진짜 사랑이다. 가족 구성원이 스스로 존엄해지는 건 '다름'을 서로 존중할 때[25]라는 리처드 세넷의 지적을 고려해도 그렇다.

아이를 진짜 사랑하는 부모는 그 사랑을 타인에게 확장한다. 아이를 싫어하던 사람도 자기 아이를 키우다 보니 어느새 다른 모든 아이를 좋아하게 됐다고 말하는 경우가 종종 있다. 아이를 싫어하는 사람도 자기 아이는 아끼고 사랑한다. 자기 아이를 어여쁘게 보는 만큼 예전에 싫어하던 다른 모든 아이에게도 저절로 애정이 생기는 것이다.

아이뿐만 아니다. 자기 아이와 관련된 선생님, 의사, 아이 친구의 가족 등 이전에는 나와 공통점이나 관련이 없던 타인에게도 우호적인 느낌과 관심이 생긴다. 자기 아이에 대한 애정이 타인, 즉 나와 전혀 '다른' 사람에게 확장될 때 아이는 욕구를 충족하는 자기만족적인 도구가 아니라 사랑의 매개체가 된다. 물론 이는 결코 쉬운 일이 아니다. 오죽하면 아이, 가족과 함께 지내는 공간을 최고의 수련장이라고 하는 사람이 있겠는가. 그만큼 아이와 함께 지내고 가족을 이루는 일을 통해 자신과 인간, 삶에 대해 배우고 내적으로 성장할 수 있다는 의미일 것이다.

내가 아이나 그(녀)를 사랑하는 이유가 나와 같아서, 즉 '우리'라서가 아니라 나와 달라서라면 그런 사람에게 '남'이란 없을 테다. 배우자나 자녀, 부모가 '우리'가 아니라 '너'인 사람에게는 가족이든 아니든 모두 '너'일 것이다. 이렇게 배타적 존재였던 '남'을 '나'에 상응하는 '너'로 만들어준다면, 그런 가족이야말로 진짜 연금술사 아닐까.

엄마의 사랑은 '피'에서 나올까

오래전에 같은 사무실에서 일하는 선배가 있었다. 선배는 매일 아침 일찍, 두세 살 된 딸을 어린이집에 맡기고 출근했다. 아직 면역력이 완전히 형성되기 전이다 보니 잔병치레가 잦아, 아이를 병원에 데려갔다가 부모님이나 지인에게 부탁하느라 종종 허둥지둥 사무실에 들어왔다. 9시가 훌쩍 지난 시간이지만 아무도 불만스러워하거나 그녀를 나무라지 않았다. 의원도 업무상 그녀를 호출했다가 아이 때문에 조금 늦게 출근한다고 연락 왔다고 전하면, 아이 건강을 염려할 뿐 전혀 언짢아하지 않았다. 의원은 업무보다 가정을 우선하는 터라, 오히려 미혼인 내가 차별받는다는 느낌이 들 정도로 일하는 엄마 직원의 편의를 우선했다.

하지만 당사자는 달랐다. 사무실에서 그녀의 지각을 문제 삼거나 불만스러워하는 사람이 없는데도 늘 미안해했다. 의원과 동료에게 폐를 끼친다 여기고, 자신이 직원 자격이 부족하다는 생각에 불편해했다. 아이에게 미안한 마음은 이루 말할 것도 없고. 이런저런 죄책감에 사무실에서 눈물을 삼키는 날이 많아지더니, 급기야 일을 그만두고 말았다. 의원부터 사무실 모든 직원이 만류했으나, 직장과 아이 사이에서 힘들어한 그녀의 죄책감을 덜어주지 못했다.

아이와 직장 사이에서 갈등하고 괴로워하는 여성은 비단 그 선배뿐만 아니다. 주위에 많은 여성이 이쪽과 저쪽 사이에서 어중간한 상태로 중년기를 보낸다. 집에서 온종일 아이에게 매인 엄마는 자기 일 하는 여자를 부러워하고, 직장 있는 엄마는 아이에 대한 죄책감으로 괴로워한다. 처지는 다르지만 이들이 괴로워하는 공통된 이유가 있다.

엄마가 영·유아기 아이에게 미치는 영향력을 강조하는 '3세 신화'다. "세 살 정도까지는 엄마가 꼭 키워야 한다. 엄마가 필요한 영·유아기에 애정과 관심을 주지 않으면 아이는 평생 깊은 상처를 안고 살아간다"는 이야기다. 이 때문에 전업주부 엄마는 직장 다니는 여자를 부러워하지만 아이를 떠나지 못하고, 직장 다니는 엄마는 아이에게 미안해한다.

한 일간지가 설문 조사 전문 기업에 의뢰한 결과[26]에 따르면, 이 말에 얽매이는 사람이 엄마뿐만 아닌 듯하다. 조사 대상자인 20~60대 남녀 모두 3세 신화에 공감하는 것으로 드러났기 때문이다. 영·유아기 엄마와 형성하는 애착 관계가 아이의 정체성과 삶을 결정한다는 '애착 이론'이 그만큼 오늘날 대중을 점령한다.

그런데 애착 이론을 이런 식으로 받아들이면, 범죄를 저지르는 것까지는 아니더라도 개인이 행복하지 않은 근본적인 이유는 거의 모든 경우 엄마 탓이 될 수밖에 없지 않을까.

3세 신화가 대중에게 알려지기 시작한 계기는 영국의 정신의학자 존 볼비가 1951년에 발표한 논문이라고 한다. 애착 이론의 효시인 그는 보육원에서 자란 유아의 심신 발달이 늦은 원인이 '모성적인 양육 결핍'이라고 봤다. 이후에 사이코패스 같은 범죄자가 극단적 범죄를 저지르는 심리적 원인이 어릴 적 양육 환경에 있다는 내용이 매체를 통해 보도되면서, 오늘날 한국처럼 서구 사회도 아이는 적잖은 기간 동안 엄마가 키워야 한다는 3세 신화에 점령당한 적이 있다. 이런 믿음이 한국에서 여전히 강고한 건 그저 한국 사회가 서구에 비해 후발 주자이기 때문이 아니라, 가족에 대한 관념 탓이 크지 않을까 싶다. 가족은 피를 나눈 혈연관계, '물보다 진한 것이 피'라는 견고한 믿음이다. 가족은 생물학적인 관계라고 생각하는 경향이 큰 일본에도 3세 신화에 공감하는 사람이 많다고 한다.

'엄마'의 양육을 강조하는 건 엄마는 뭔가 특별하다는 의미를 내포하는데, 엄마가 아이를 낳은 사람이기 때문이라는 생물학적 특징을 기반으로 한다. 예를 들어 모성애(아이를 보살피고 보호하고 싶은 본능적 욕구에서 나온 애정)는 오직 여자에게 있는 것이라고 여겨지는데, 그 근거가 아이를 낳는 기능을 하는 여성의 생식기관 아닌가. 아이에 대한 애정의 원천을 '낳다'라는 신체적·생물적 요인에 두면, '낳은 정'을 능가할 관계는 없는 셈이다. '기른 정'은 낳은 정에 비하면 아무것도 아니고, 부성은 모성에 미치지 못한다. 정말 그런가? 엄마가 자기 아이를 버리고 도망가거나 학대하거나 굶겨 죽이는 끔찍한 사건을 적잖이 접하는 반면, 낳은 정이나 모성의 절대적 우월성을 입증할 합리적 근거는 찾기 어렵다.

흔히 알려진 3세 신화, 즉 애착 이론은 중요한 문제를 간과했다고 전문가들은 지적한다. '모성적인 양육 결핍'으로 표현된 모성 박탈 개념이 지나치게 단순화됐다고 한다. 아이가 일정한 시기 동안 애착 관계를 형성하는 것은 중요하지만, 그 대상이 반드시 엄마여야 하는 것은 아니라는 것이다.

연구[27]에 따르면, 영아는 생후 8개월 정도부터 애착 관계를 시작하는데 18개월 무렵까지 오직 한 사람에게 애착을 느끼는 경우는 열에 하나라고 한다. 감정적 유대 관계를 형성하지 못한 아이는 박탈이 아니라 결핍을 느끼고, 설사 아이가 결핍을 느꼈다 해도 이후 잘 보살피면 얼마든지 치유할 수 있다는 것이다. 아동 연구가들은 엄마를 비롯한 주요 양육자뿐만 아니라 조부모, 형제, 친구와 형성하는 애착 관계 역시 건강한 발달을 촉진한다고 설명한다. 영·유아기 애착 형성에서 가장 중요한 사항은 '엄마'라는 특정 인물이 아니라 사랑과 관심의 다양성과 그 질이다.

나는 낳은 정, 즉 아이를 '혈육'이라고 믿는 관념의 가장 큰 맹점은 아이에 대한 애정을 가짜 사랑으로 전락시키는 점이라고 생각한다. 자기 아이를 사랑하는 이유가 단지 '피로 맺어진 관계'이기 때문이라면, 그 '아이'를 사랑하는 것이라고 보기 어렵지 않을까. 그 아이를 사랑한다면 내가 낳은 아이건, 아니건 아이에 대한 시선이나 생각이 한결같아야 할 테다. 그렇지 않다면 아이를 향한 지금 그 마음은 아이를 사랑하는 것이 아니라 그저 변형된 자기 모습, 자기 피를 사랑하는 자아도취적 만족에 가까운 것일 가능성이 크다. 생물적 관계를 바탕으로 하는 가족 관념은 이처럼 자기 아이에 대한 사랑을 거짓으로 둔갑시키기 십상이다.

피는 물보다 진하다는 미신의 실체, 한국의 혈연관계는 핏줄이 아니다

허균의 소설 《홍길동전》으로 유명해진 홍길동은 15세기 말에서 16세기 초 연산군 시대에 활약한 도적 떼 우두머리다. 허균은 그를 의적으로 묘사했는데, 그가 도둑이 된 배경 가운데 하나인 신분 차별은 모계 신분이 부계 못지않게 중요했다는 사실을 드러낸다. 알다시피 홍길동은 양반 아버지와 천민 어머니 사이에서 태어난 얼자다. 아버지 성씨를 따르긴 하지만, 당시 사회는 서자[28]와 얼자를 관직 진출에서 차별했다. 승진에 제약을 받지 않으려면 생부와 생모가 양반 출신이어야 했다.

이는 사회 특권을 철저히 양반 신분인 소수에게 부여하기 위한 장치였다. 조선에서 특권을 누릴 수 있는 통로는 관직 진출뿐인데, 부여할 관직의 수는 한정되게 마련이다. 따라서 과거를 치르기 전에 엄격한 응시 자격 기준을 두고, 승차 제한으로 관직 진출 장벽을 하나 더 마련한 것이다.[29]

한편 조선 중기(16세기) 이후 유교의 지배계급은 제사와 재산상속 권한에서 처계와 모계 가족을 제외하고, 전부 장남을 중심으로 한 아들에게 집중하면서 가족을 통해 신분을 물려주고 기득권을 지키고 강화할 수 있는 시스템을 구축했다. 족보에 딸의 자녀 이름을 올리지 않고 아이를 낳을 수 있는 나이가 되면 시집보내 출가외인으로 만든 것, 아버지의 부모와 형제에게 친할 친親 자를 붙여 친가親家라 하고 어머니의 부모와 형제에게는 바깥 외外 자를 붙여 외가外家라 부른 등 여성을 가족제도에서 제외한 것도 이때다. 남성을 중심으로 한 혈통의 순수성을 강조하기 시작한 것이다. 혈통의 순수성을 강조한 것이 조선 후기에 집착으로 변하고, 여성의 순결 억압으로 진화한다.

한국 고전문학자 유광수에 따르면, 조선 후기 소설《구운몽》과《옥루몽》에서 당대 사람들의 순수 혈통에 대한 욕망과 현실을 엿볼 수 있다. 1687년에 쓰인《구운몽》은 한 양반 남자를 향한 여덟 여자의 지조를 그린다. 그 가운데는 기녀도 있다. 원래 직업이 여러 남자를 상대하는 여자에게 한 남자를 향한 절개를 지키며 헌신하기 바란 것이다. 이런 바람이 약 150년 뒤 급기야 "기녀에게 절개가 아닌 순결이라는 근본적으로 양립 불가능한 것을 요구"[30]하기에 이른다. 1840년경에 쓰인《옥루몽》이다.

이 소설에도 한 양반 남자와 여러 기녀가 등장하고, 그들은 그의 여자가 되기 위해 온갖 어려움을 이겨내고 지조를 지킨다. 하지만 순결하지 못하다는 의심을 받은 여자는 정실은커녕 첩조차 되지 못한다. 순수한 자기 혈육을 갖기 위해 여자에게 순수한 몸을 요구한 것이다. 이런 순결에 대한 강박적 선망이 오늘날 남자에게는 판타지로, 여자에게는 도덕적 자기 규율로 이어져 내려온 것 아닐까. 그렇다면 남자나 여자나 순결 판타지에는 순수한 내 피를 물려받은 자식을 낳고 싶다는 욕망이 숨어 있는 것이라고도 할 수 있을 테다.

조선 시대에 양반이 실제로 그렇게 순수 혈통을 유지했을까? 홍길동의 생부인 양반과 정실인 양반 사이에 아들을 두지 못했다면 홍길동이 가문을 물려받았을까? 그것은 불가능하다. 홍길동이 얼자가 아니라 서자였어도 마찬가지다. 관직 진출과 승차가 가문을 발전시키는 유일한 방법인 시대인 만큼 가문을 물려받은 장자의 출세가 무엇보다 중요한데, 그 출세 기회는 최소한 어머니가 양반이어야 잡을 수 있었기 때문이다. 홍길동이 아무리 똑똑해도 아버지는 그에게 가문을 물려주지 못했을 것이다.

이런 경우 양반 가장이 취할 수 있는 방법은 양반 신분인 남자아이를 입양하는 것이다. 단 아버지와 성씨가 같은 아이다. 성씨가 다른 양자는 법에서 인정하지 않았다. 따라서 양자 후보 1순위는 친족이고, 후순위가 될수록 먼 친족으로 확대됐다. 양자 제도가 존재한 것은 자기 혈육만 자식으로 삼지 않았다는 사실을 알려준다. 친족이라 해도 촌수가 멀어질수록 혈연의 의미가 퇴색한다. 본이 같으나 촌수를 따지기 어려운 아이를 아들로 삼는다면, 오늘날로 치면 성씨가 같아도 평생 마주칠 일 없는 타인이나 마찬가지라고 할 수 있다. 조선 중기 이후 양반 신분을 출생으로 제한하기 위해 강조한 혈통의 순수성은 생물학적 관계에 국한한 것이 아니다. 반드시 '내' 피를 물려받아야 하는 게 아니라, '양반'의 피를 물려받는 게 중요했다.[31]

생부가 양반이라도 생모 신분이 낮으면 그 아들은 아버지에게 아들이 아닌 것이나 마찬가지였다. 그 아들의 공식적 어머니는 생모가 아니라 아버지의 정실이었다. 인류학자 문옥표 교수에 따르면, 조선 사회의 근간인 혈연 가족에서 혈연은 생물학이 아니라 문화적 개념이다.[32] 한국 전통 가족의 실제 모습은 문화적 의미로 맺어지는 관계지, 생물학적 요인으로 맺어지는 관계라고 보기 어렵다.

"아기 낳고 처음 봤을 때 어땠어?" 산후조리원에 있는 친구에게 물었다. "아이 낳고 정신을 좀 차리니까 간호사가 어떤 아기를 안고 와서 내가 낳은 애라는 거야. 무덤덤한 게 아무 느낌도 없더라고. 그냥 수많은 아기 중에 하나 같았어." 그 친구뿐만 아니라 엄마가 된 지인들은 대부분 비슷하게 대답했다. 그즈음 TV에서는 아기를 막 낳은 산모가 침대에 누워 간호사가 건네주는 아기를 안으며 눈물 흘리는 광고가 나왔다. 뭔가 대단한 감정을 기대하고 물은 나는 김빠진 기분이었다. 역시 광고는 광고구나.

하지만 광고의 그 모습이 새빨간 거짓이라고 하기에도 애매하다. 동서나 친구들이 낳은 아기가 신생아실에 있을 때, 그 아기를 보며 광고 속 산모와 비슷하게 울컥한 사람이 있었으니, 바로 내가 그랬다. 현실에서 갓 태어난 아기를 보며 감격의 눈물을 흘리는 건 오히려 산고의 고통을 느끼지도, 피 한 방울 섞이지도 않은 사람이었다니……. 현실의 산모들은 말했다. "특별한 감정이 생기고 내 애다 싶은 마음은 한참 키우면서 생기더라!"

——— 아버지와 가족은 다르다

영화 〈쿵푸 팬더3〉에서는 국수를 파는 거위의 아들로 자란 주인공 판다 '포'의 생부가 나온다. 한편 쿵후 마스터를 해치우면서 평화를 위협하는 악당 '카이'가 등장, 전편에서 용의 전사로 활약한 포는 한 단계 높은 쿵후 기술을 배워야 하는 상황에 처한다. 하지만 그런 실력을 갖춘 쿵후 마스터가 어디 있는지, 누구인지 알기 어려웠다. 포의 생부는 자신이 바로 그 비법 기술을 아는 쿵후 마스터라며 포를 판다가 모여 사는 마을로 데려가는데, 쿵후 마을도 악당 카이에게 속절없이 당한다. 포가 어찌 된 일이냐는 눈빛으로 생부를 바라보자, 생부는 자신이 쿵후 마스터가 아니라고 고백한다. "자식이 위험 속으로 걸어 들어가려고 하는데 아버지가 어떻게 보고 있겠느냐. 거짓말한 건 사실이지만 부모로서 어쩔 수 없었다. 다시 너를 잃는 순간을 맞고 싶지 않았다." 크게 놀라고 실망한 포는 고개를 숙인 채 돌아서며 대답한다. "하지만 바로 지금이 그 순간이에요."

생부 입장에서는 제아무리 용의 전사라고 해도 아들은 자신이 보호해야 할 대상일 뿐이다. 죽을지도 모르고, 잘해봐야 크게 다칠 가능성이 큰 상황에서 아들을 안전한 곳으로 데려가는 건 아버지의 당연한 의무라고 여긴다. 따라서 그게 아들이 원하는 일인지 아닌지는 중요한 고려 사항이 아니다. 이런 태도는 우리에게도 생소하지 않다. 많은 부모가 비슷하다. 자식이 원하는 바를 받아들이기 어려울 때 부모는 대개 자식의 뜻을 꺾는다. 그게 부모가 해야 할 일이며, 자식도 이를 따라야 한다는 믿음으로. 거의 본능일 것이다. 물보다 진하다는 핏줄 사이니까.

그런데 포의 입장은 다르다. 핏줄 사이에서 본능적으로 일어나는 태도를 거부한다. 아무리 자기를 위하는 마음에서 한 행동이라도 받아들일 수 없다. 자기가 무엇을 찾는지 알면서 그 정보를 이용해 도리어 원하는 일을 이루지 못하도록 방해한 셈이기 때문이다. 육체의 안전은 생부가 원하는 일이지, 포가 원하는 일이 아니다. 포는 생부에게 배신감과 실망감이 든다. 결국 포를 위하려고 한 일은 생부 자신을 위한 일이 되고 말았다.

포는 우여곡절 끝에 악당 카이와 싸우다가 크게 다친다. 정신을 잃은 포는 자칫 저세상으로 갈 위기에서 자기 삶을 둘러싸고 있는 사람들이 마음으로 보내는 응원을 받아 살아난다. 친구들, 판다 마을 사람들, 포가 자란 마을 이웃들, 쿵후를 가르쳐준 사부와 동료들, 생부와 포를 키워준 양부인 거위 '핑'이다. 장면을 해설하는 목소리는 이 부분에서 생부와 양부를 구분한다. 아버지와 가족으로. 목소리가 '아버지'를 가리킬 때는 생부인 판다가 포의 몸에 손을 얹는다. 목소리가 '가족'을 부르자 양부인 거위 핑의 마음이 포에게 전달된다.

가족은 어떤 사람일까. 양부 핑 역시 포가 용의 전사가 되겠다고 힘든 훈련을 하고, 악당의 소굴로 들어갈 때 찬성하지 않았다. 포를 곁에 두려고 설득했다. 하지만 포의 고집을 억지로 꺾지는 않았다. 기꺼운 마음은 아니나, 자기 곁을 떠나는 포의 뒷모습을 그저 바라보고 기다렸다. 무사한지 걱정하면서도 자기 일을 열심히 하며 언젠가 돌아오리라 믿었다. 포의 안전과 보호를 최우선으로 여기는 생부와 달리, 핑은 안전을 염려하면서도 포의 뜻과 결정을 존중했다.

핑이 포의 뜻과 결정을 존중한 건 자기 자식이 아니라서, 포를 사랑하지 않아서가 아니다. 오히려 진짜 사랑해서다. 핑은 포를 슬하의 자식이 아니라 자신과 분리된 어엿한 '개인'으로 대했다. 생부가 포를 자신과 경계가 없는 한 몸으로 여겼다면, 핑은 포를 자신과 경계가 분명한 또 다른 인간으로 인정한 것이다. 생부가 포의 안전을 위한다는 의도로 포의 뜻을 외면하고 포를 속이는 행동을 한 이유는 자식과 자신의 경계가 없기 때문이라고 할 수 있다. 자기와 한 몸이니 잘못된 뜻을 품은 포의 결정을 마음대로 번복하려는 시도가 가능했던 것이다. 반면 핑이 탐탁지 않은 포의 결정을 존중한 건 아무리 자식이라도 자신과 경계가 분명한 '다른' 사람이라고 여겼기 때문이다. 그래서 핑은 포의 안전을 염려하는 마음을 자기 걱정, 자기 일로 구분 짓고 포에게 자기 걱정을 해소하게 만들도록 책임을 떠넘기지 않았다.

핑의 인상 깊은 태도는 또 있다. 그는 포의 생부에게 말한다. "아들이 당신을 미워하기 시작했어요. 이제 진짜 부모가 된 것을 축하합니다." 생부가 포와 다투고 속상해하자 핑이 위로하면서 한 말이다. 핑은 생부를 좋아하지 않고 질투했다. 애지중지 키웠는데, 생부에게 흔들리는 포를 보면서 마음이 편할 리 없다. 하지만 생전 처음 아들과 싸우고 마음이 상한 생부를 보자, 핑은 포의 생부와 자신이 자식을 두고 대결하는 경쟁 관계가 아니라 개인 대 개인, 즉 같은 상황에 처한 또 다른 아버지라는 관계로 입장을 정리했다. 아버지 역할을 하는 일종의 선후배 관계로 본 것이다. 자식을 가운데 두고 경쟁하는 상대를 자기와 같은 역할을 하면서 같은 고민에 처한 남자로 보는 건, 아들인 포와 자신을 분리된 객관적 주체로 여기지 않고는 불가능한 일이다. 핑이 포의 생부를 자기처럼 아버지 역할을 하는 '개인'으로 대우하니, 포를 두고 경쟁할 필요가 없어졌다. 핑과 생부는 동등한 아버지로서 포를 위해 연대할 수 있게 된 것이다.

혈육과 가족이 반드시 일치한다고 볼 수는 없다. 혈육이라는 이유로 무조건 가족의 권리를 주장하거나 의무를 요구하고, 반대로 가족은 반드시 혈육이어야 한다는 믿음은 가족을 평생 풀지 못할 족쇄로 만드는 원인이 된다. 이런 믿음이 안락과 정신적 지지로 작용해야 할 가족이 환장할 사슬이 돼 오히려 가족을 거부하게 만드는 것 아닐까. 포에게 생부는 아버지다. 부인할 수 없는 사실이다. 나를 낳아준, 피가 섞인 혈육이니까. 하지만 그것으로 가족이라 여기기엔 부족하다. '아버지'는 그저 호칭에 불과하다. 포에게 가족은 생물학적 동질성을 갖춘 생부가 아니라 판다인 자신과 피 한 방울 섞이지 않은, 전혀 다른 종인 거위 핑이다. 가족의 자격은 생물학적 핏줄이 아니라 구성원을 '너'로 존중하고 신뢰하는 태도에 있는 것 아닐까.

WEIRD 문화권에서는 의식적이고 의도적인 노력이 필요하다

한국에서 가족을 자신과 분리해 서로를 '경계'가 분명한 객관적 주체로 대하는 태도는 낯설다. 이런 개인주의적 가족관은 주로 서구인의 것으로 알려졌다. 그들은 자녀를 이렇게 대하는 일이 아무 거리낌 없이 자연스러울까?

미국 드라마 가운데 〈골드버그 패밀리〉라는 시트콤이 있다. TV 프로그램 제작자 애덤 골드버그의 어릴 적 가족 사이에서 벌어진 일을 토대로 매회 이야기가 펼쳐진다. 실제로 에피소드 마지막에 애덤이 어릴 때 찍은 관련 영상을 짧게 보여준다. 엄마와 아빠 슬하에 10대 딸과 두 아들이 있는 1980년대 미국 중산층 가족의 전형적인 모습이다. 각기 개성 있는 가족인데 엄마가 만만치 않다. 가족 일에 열성적이고, 특히 아이들 일에는 헌신적으로 물불 가리지 않으며 적극적으로 개입하고 싶어 한다. 한창 사춘기인 아이들은 당연히 그런 엄마를 부담스러워하며 거부한다. 그때마다 엄마는 아이들이 한시라도 엄마 품을 떠나지 않으려 한 어린 시절을 그리워한다. 아빠는 아내의 극성에 아이들이 독립심을 잃을까 우려하면서도 그런 아내의 모습에 공감하고 안타까워한다.

또 다른 시트콤 〈쿠거 타운〉에서도 비슷한 모습이 나온다. 남편과 이혼하고 부동산 중개업을 하며 혼자 아이를 키우는 주인공은 아이가 대학에 입학해서 집을 떠날 상황이 되자 무척 아쉬워한다. 집 근처 학교로 진학해, 보고 싶으면 얼마든지 볼 수 있는 상황인데도 집에서 통학하라고 아들에게 조른다. 〈쿠거 타운〉은 2000년대를 배경으로 하는데도 그렇다. 이런 장면을 볼 때마다 한국 엄마들과 정서가 비슷한 점이 흥미롭다. 부모는 아이를 계속 자기 품에 두고 싶어 해서 점점 독립하는 자식이 달갑지 않고, 자식은 그런 부모를 귀찮아하는 모습이 한국과 별반 다르지 않은 것이다. 다만 자녀를 떠나보내야 한다는 걸 알면서도 억지 부리는 자기 모습을 자각하고, 결국 그들의 독립을 인정하는 태도가 한국과 조금 다르다.

사회심리학자 조너선 하이트는 《바른 마음》에서 가족을 객관적 주체로 보는 이런 태도가 인간의 보편적 사고방식이 아니라 WEIRD 문화권의 특징이라고 말한다. WEIRD 문화권이란 서양화되고Westernized 고학력이고Educated 산업화됐으며Industrialized 부유하고Rich 민주적인Democratic 문화권의 사회를 의미한다. 이들은 세계에서 아주 소수라고 지적한다. 실제로 이런 문화에 익숙한 사회는 그리 많지 않다. OECD 국가 중에 선진국 일부이며, 그런 국가에서도 지역마다 문화와 정서가 다르다. 생활환경이 다르기 때문에 대개 도시와 농촌 지역 차이는 같은 국가 안에서도 크다.

하이트는 심리학 연구가 대부분 이 문화권 사람들을 대상으로 하다 보니 서구 사회와 개인주의를 같은 말처럼 인식하게 됐다고 설명한다. 즉 이런 태도는 서구인의 공통적인 사고방식이 아니다. 두 드라마에 나오는 엄마처럼 WEIRD 문화권의 전형인 미국 중산층 사람조차 아이를 자기 일부로 여기면서 간섭하고 곁에 두려 한다. 이런 태도가 일반적 사고방식이 아니며, 타고나는 건 더더욱 아니라는 사실을 알 수 있다. 개인의 자립을 중요하게 여기는 사회에 사는 사람조차 정신 바짝 차리고 주의해야 할 만큼 특수하고 인위적인 가치관인 것이다.

이는 인간이 날 때부터 생명을 존중하는 의식이나 태도를 갖추는 게 아닌 사실과 같다. 인간은 감정을 조절하고 폭력성을 억제하는 전두엽 기능이 발달하고, 또 예의와 배려 등 사회성을 유지하기 위한 여러 덕목을 의도적으로 배우고 익혀야 생명을 소중히 여길 줄 안다. 가족을 객관적 주체로 보는 인식도 이처럼 노력해야 한다. 서구에서 사람 사이, 특히 가족 사이에 '너'와 '나'라는 경계가 생긴 계기는 도덕적 자기 책임에서 발전한 '개인' 의식이다. 개인 의식이란 인간은 각자의 영혼과 양심, 이성, 의지를 갖고 있는 존재로서 누군가에게 의존하지 않고 스스로 설 수 있는 개체라는 견해다. 그 개별 영혼에게는 각자 양심과 이성으로 파악한 신의 뜻(자기 삶의 과제)을 실현하고자 하는 의지가 있고, 의지와 행위의 주체자로서 그 결과를 책임진다는 인간관이다. 따라서 개인 의식은 부모가 아이를 만들고, 부모와 아이(가족)는 한 몸이나 마찬가지라는 직관적 가족관을 부정한다. 자궁은 또 다른 개별적인 영혼이 세상에 나오기 위해 이용하는 통로일 뿐이다.

이런 인위적인 개념이 형성되기 시작한 시기가 11~12세기고, '개인'을 도덕적 역할의 기본 단위로 인식한 건 14세기부터다. 따라서 인류 역사 수천 년 동안 이어져온 가족 집단주의 사고방식에 비하면, 수백 년에 불과한 개인 의식은 서구 문화권 사람들에게도 보편적이고 무의식적인 사고방식이 아닌 게 당연하다. 하물며 한국전쟁 후 서구의 민주주의를 수입하면서 별안간 사회체제를 바꾼 한국인이 구성원 사이에 경계 없는 '우리' 가족에서 벗어나지 못한 채 서로 의존하는 게 어찌 보면 당연하다. '우리' 안에서 '너'와 '나'를 만드는 일은 결코 저절로 되지 않는다는 사실을 아는 것이 중요하다. 의식적이고 의도적인 노력이 필요한 일인 것이다.

놀다가 새벽녘에 들어온 남편, 화를 낼까 말까

새벽 4시 반에 홀로 눈을 떴다. 뭉그적거리고 있으니 현관문이 열렸다 닫히는 소리가 들렸다. 지금 내 옆에서 새근새근 혹은 드르렁거리며 자고 있어야 할 사람이다. 곧장 샤워 소리가 들린다. 누워서 생각했다. 화를 낼까 말까. 테니스 코트에 떨어진 공이 저쪽으로 갈지 이쪽으로 향할지 모를 때처럼, 내 마음도 냉랭함과 평정 사이에 있었다. 이런 경우 남편을 단죄하는 태도가 정답처럼 알려진 것과 달리, 나는 딱히 화가 나지 않았다. 그래서 단죄의 수단으로 이용될 분노에 불을 지필까 말까 고민한 것이다.

나는 냉랭하게 굴지 않기로 했다. 몇 가지 이유가 있다. 첫째, 우연이다. 일어나면서 어떤 태도를 결심한 건 아니다. 아직 공은 테니스 코트 그물망을 맞고 허공에 뜬 상태였는데, 그에게 건넨 첫마디가 아무렇지 않은 목소리였기에 자연스레 그의 탈선을 나와 연관시키지 않았다. 둘째는 그 아무렇지 않은 목소리가 나온 원인 같은데, 굳이 단죄하기 귀찮았다. 냉랭한 모드로 굴면 대개 상대방이 힘든 것만 생각하는데, 단죄하는 당사자도 여간 에너지가 드는 게 아니다. 자연스럽게 화내는 나머지 그 분노 에너지가 냉랭한 태도에 필요한 연료 역할을 해서 힘든 걸 인식하지 못할 뿐이다. 분노 에너지가 자연스럽게 형성되지 않으면, 일부러 냉랭한 모드로 굴기 위해 하루 동안 다른 일에 써야 할 에너지를 남편을 단죄하는 데 사용할 수밖에 없다. 어제 나는 몸을 움직이는 데 지나친 의욕을 부리느라 10킬로미터 가까운 거리를 1만 보 이상 걸었고, 가벼운 스피닝까지 했다. 신체 에너지가 고갈 상태였다.

남편의 무절제한 생활 때문에 내 마음과 생활을 방해받고 싶지 않았고, 그럴 필요도 없다는 생각이 들었다. 절제하지 못하고 밤새도록 놀면 힘든 건 남편이다. 그 때문에 하루라는 귀중한 시간이 날아가는 것도 그의 인생 타임라인이다. 밤새도록 뭐 하고 놀았을까 불온한 의심이 들긴 했다. 양심에 거리낀다면 남편의 마음이 불편할 것이다. 아무렇지 않게 생각한다 해도 그의 영혼이고 그의 인생이다. 그러지 않을 것 같다는 생각에 좀 더 기울기도 하지만, 같이 산다고 해서 딱히 합의한 적 없는 사항에 관여하고 싶지 않았다. 남편이 자신을 위해서가 아니라 내가 무서워서 일찍 들어오거나 불온한 짓을 하지 않는다면, 전기 담장에 감전될까 무서워서 남의 밭작물을 훔쳐 먹지 않는 금수와 같은 것 아닐까. 나는 굳이 남편을 그런 수준 낮은 사람으로 만들고 싶지 않다. 그에 대한 신뢰가 있기도 하거니와, 무엇보다 그건 나 자신을 깎아내리는 일이다.

물론 모든 일에 그런 건 아니다. 예를 들어 엊그제 치킨 배달을 주문하면서 맥주를 추가한 건 너무 화가 났다. 귀찮다고 마트보다 세 배나 비싼 돈을 낭비했기 때문이다. 그 돈은 내 생활과 직결되므로 그 사실을 알았을 때 나는 남편을 즉각 응징했다.

그는 당연히 나와 다르다. 내가 일할 때 밖에서 술 마시고 새벽에 고주

망태가 돼서 들어올 때마다 남편의 뒤통수와 넓은 등짝에서 뿜어져 나오는 냉기로 오싹했다. 다음 날 눈도 마주치지 않고 말 한 마디 하지 않는 남편 앞에서 쩔쩔매야 했지만, 그건 내가 감당해야 할 몫이라고 생각했다. 남편이 그러지 않아도 내가 자신에게 그런 처벌을 가할 테니까. 나는 상관하지 않지만, 과음하는 걸 받아들이지 못하는 사람이 좋아서 함께 살려면 내가 맞춰야 할 일이다. 앞서 말했듯이 냉랭하게 구는 것도 여간 힘들지 않으니 그리 억울한 일도 아니다.

남편은 내 이런 태도가 서운하지 않겠지만, 부모님들은 마뜩잖을 것이다. 불량한 학생과 어울리다가 새벽에 들어온 아들을 혼내서 바로잡듯이 배우자가 그 탈선을 엄하게 막아야 한다고 생각하지 않을까. 결혼하면 자기가 부모에게 하지 않는 효도나 살가운 태도를 배우자가 대신 해주길 바라듯이, 자식이 결혼하면 자기가 통제하지 못한 자식의 태도를 배우자가 대신 해주길 바라는 마음이 있는 것 같다. 자식의 효도와 배우자의 마음 씀씀이가 다르고, 부모와 배우자의 역할이나 위치가 다른데도! '우리'라는 테두리는 서로 경계가 무너져 '개인'이 사라진 나머지 그 역할과 위치마저 뒤죽박죽으로 인식하게 만드는 것일까.

3부

'우리'가 아니라 '너'와 '나'의 연대를 위해

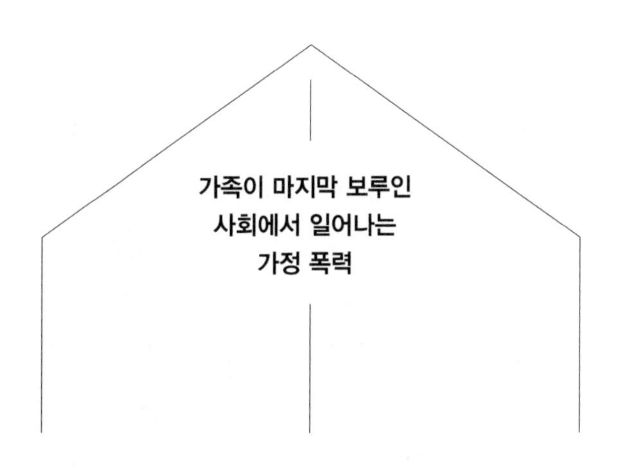

가족이 마지막 보루인 사회에서 일어나는 가정 폭력

2017년 가을, 60대 여성이 살인 혐의로 국민 참여 재판을 받았다. 모임에 나간 여성은 자정이 지나 술에 취한 채 집에 돌아왔다. 전화해도 받지 않다가 그 시각에 술에 취해 들어온 아내를 보고 화가 난 남편은 아내의 머리채를 잡아 넘어뜨리더니 유리잔을 집어 던졌다. 순간 여성은 팔로 머리를 감싸며 몸을 웅크렸다. 익숙한 공포가 가슴을 내리쳤다. 그런데 그날은 공포가 순식간에 분노로 변했다. 웅크린 채 머리를 감싼 여성은 근처에 있던 수석을 집어 들고 남편의 머리를 내리쳤다. 다른 때 같았으면 엄두도 내지 못했을 행동이다. 그날 그런 용기를 낸 건 술기운 덕이었다. 남편이 바닥에 쓰러지자, 이번엔 어디서 나는 소리인지 그동안 억눌렸던 원한을 풀 기회라는 음성이 귓가에 맴돌았다. 여성은 문을 향해 기어가는 남편에게 달려들어 쥐고 있던 돌로 머리를 수차례 내리쳤다.

남편의 목숨을 앗아 간 정체불명의 음성, '그동안 억눌렸던 원한'이 과연 무엇일까? 남편은 바람을 피우다가 아내에게 상처를 준 적이 있다. 뿐만 아니다. 사건 당일 아내의 머리채를 잡아 넘어뜨리고 유리잔을 집어 던진 행동에서 추측할 수 있듯이, 남편은 툭하면 아내에게 폭력을 휘둘렀다. 무려 37년 동안! 그날 밤, 쓰러진 남편의 뒤통수를 계속 내리치게 만든 정체불명의 음성은 꽃다운 스물서너 살 때부터 그녀의 몸에 새겨진 고통이었다.

국민 참여 재판의 배심원 전원은 이 여성을 유죄로 판결했다. 돌로 머리를 내리친 범행이 잔혹하고, 남편이 때리지 않는데 계속 가격했다는 이유였다. 사건 당일 폭력적인 행동을 한 남편에게 공포와 위협을 느낀 여성은 자신을 방어할 수밖에 없었고 술이 취한 상태에서 예기치 않게 과잉 행동으로 이어졌다고 호소했지만, 배심원들은 정당방위나 과잉방위를 인정하지 않았다. 여성이 저항할 수 있는 기회 자체가 남편이 공격하지 않아서 생긴 것이라는 물리적 상황을 고려하면, 상대가 공격하는 중이어야 한다는 정방방위 요건은 남편이 아내를, 부모가 자녀를 때리는 가정 폭력처럼 완력 차이가 클 경우엔 거의 성립하기 어려운 것 아닐까.

이렇게 현실적 정황을 고려하지 않은 경직적인 판결 기준은 최근에 만들어진 것이 아니다. 관련 조항을 담은 형법은 1953년에 제정됐고, 이후 개정된 적이 없다. 조항을 고친 적은 없으나 법조계는 관련 사례에서 탄력적으로 인정할 수 있는 부분이며, 그렇게 판결하는 경우도 적지 않다는 입장이다. 하지만 2013년 한국여성의전화가 주최한 가정 폭력 가해자 사망 사건과 피해자 살해 사건 판결 분석 토론회 자료집에 실린 '정당방위 주장 유무 및 정당방위 부정 이유'에 따르면, 판결 21건 가운데 정당방위를 주장한 11건 모두 인정받지 못했다. 정당방위 요건 조항 개정 없이 상황에 따라 탄력적으로 인정할 수 있는데도 가정 폭력의 현실적 특수성이 반영되지 않는 건, 비단 판사의 판결뿐만 아니라 국민 참여 재판 배심원의 판결도 다르지 않다는 점에서 한국인 전반에게 있는 가족 관념의 영향 아닐까.

이 여성은 결국 징역 4년을 선고받았다. 국민 참여 재판 배심원이 4년을 구형하며 37년 동안 폭력에 시달리면서도 아들을 위해 참고 견뎌온 점을 참작했다고 했다. 흔히 말하는 모성, 위대한 어머니의 그것이다. 하지만 37년 동안 폭력과 공포 속에 있던 당사자가 그곳을 떠나지 않은 이유가 또 다른 가족 때문이며, 사회가 다른 가족을 위해 그 지옥 같은 곳을 떠나지 않은 여성의 모습을 인정해주는 상황은 한국 가족의 현실을 보여주는 것 같다. 지옥 같은 생활을 하면서도 그 곁을 떠나지 못하고 있다가 결국엔 가족 전체가 파국으로 치달은 이런 상황은 한국에서 정언명령이나 마찬가지로 여겨지는 '가족은 마지막 보루'라는 믿음에서 비롯된 것이나 마찬가지라고 생각한다. 그녀가 정당방위를 인정받지 못했지만 구형에 참작된 사유 또한 마지막 보루인 가족을 끝까지 지키려고 한 성실성 덕분 아니었던가.

어떤 사건에는 피해자와 가해자에게 모두 책임이 있다. 폭력 사건도 예외가 아니다. 일반적인 경우 피해자는 자기 몸을 보호할 능력이 있으며, 최소한 그 자리에서 도망칠 수 있다. 이런 행위는 자기 책임을 다했는지 아닌지 판가름하는 기준이다. 하지만 한국의 가정 폭력에서는 이를 기준으로 자기 책임을 묻기 어렵다. 가족이 마지막 보루이기 때문이다. 가족이 마지막 보루인 사회에서 도대체 어디로 도망간단 말인가. 가족을 마지막 보루라고 철석같이 믿는 사회에서는 그 가족 집단에 악마 같은 존재가 있어도 나머지 구성원이 도망칠 곳이 없다.

한국 사회에서 가정 폭력 피해자에게 왜 도망치지 않았느냐는 추궁은 그들을 낭떠러지로 미는 것이나 마찬가지다. 그런 곳에서 왜 자신을 지키기 위해 최선을 다하지 않았느냐고 책임을 물으면서, 오직 상대가 공격할 때 반격해야 한다는 요건을 엄격하게 들이미는 건 그들을 낭떠러지로 미는 행동과 다름없는 것은 아닐까. 가정 폭력에도 정당방위 요건을 다른 범죄와 공평하게 적용하려면, 피해자가 가해자를 죽이는 방법 외에 다른 살길을 사회가 마련해줘야 한다고 생각한다. 가정 폭력의 정당방위 요건을 예외로 하는 것도 방법일 것이다. 하지만 그보다는 피해자가 참혹한 일을 저지르면서 오랫동안 몸에 쌓인 원한과 폭력을 한꺼번에 터트리기 전에 그 상황에서 빠져나올 수 있도록 사회적 여건을 만들어주는 게 그들을 실질적으로 돕고, 또 더 좋은 사회를 만드는 것 아닐까.

가정 폭력과 사생활, 사생활은 '개인'의 것이지 가족 '집단'의 것이 아니다

2000년대 중·후반, 국회에서는 호주제 폐지 여부를 놓고 연일 다양한 논의가 벌어졌다. 이와 관련해 각계각층의 의견을 듣는데, 한 회의에서 성姓을 바꿀 수 있게 해달라는 요청이 있었다. 아버지 성 대신 어머니 성을 따를 수 있도록 해달라는 내용이었다. 호주제 폐지 논의에서 제기된 주요 이슈 가운데 하나가 성본 변경이었다. 나와 함께 일한 의원은 신중한 입장이었다. 자기 근본을 아는 것은 매우 중요한 일인데, 아버지 성과 어머니 성을 둘 다 사용하게 하면 후대로 갈수록 자기 근본에 대한 인식이 모호해질 가능성을 우려했다.

그런데 어느 회의 참석자가 들려준 이유를 듣고 달리 생각하게 됐다. 아버지에게 성폭행을 당한 딸 입장에서 평생 아버지 성을 따라야 하는 건 상상할 수 없는 고통이며, 또 다른 폭력이라고 했다. 그때 20대 후반이던 나는 큰 충격을 받았다. 아버지에게 성폭행을 당하는 경우가 언론에 등장해 이슈가 된 건 호주제가 폐지되고 얼마 지나서였다. 당시만 해도 그런 사건은 언론 기사에 거의 등장하지 않았다. 성폭행이 부녀 사이에 일어나는 경우가 적지 않다는 사실을 그때 처음 알았다. 대개 자기 근본을 망각할 우려나 자녀의 성 선택권, 이혼이나 재혼 가정 자녀에 대한 배려 차원으로 논의되며 반대 여론이 컸던 성본 변경을 허용한 주요 계기로 기억한다.

가족(가정)과 관련한 정책이나 제도를 입안·개선하는 일은 어렵고 민감한 부분이 많다. 특히 가정 폭력은 국가의 손길이 닿기 가장 어려운 영역이다. 피해자가 가정 폭력을 견디다 못해 종교 기관에서 운영하는 보호소에 들어가도 가해자에게 다시 발각되는 경우가 허다하다. 가해자가 아이 학교를 통해 피해자의 소재지를 파악하는 경우가 많은데, 학교 입장에서는 보호자인 아버지의 요청이라 거절하기 어렵다.

최근 정부는 이런 부분을 개선하기 위해서 피해자 보호와 가해자 처벌 강화를 주요 내용으로 대대적인 가정 폭력 방지 대책을 내놓았다. 접근 금지 대상을 장소가 아니라 사람으로 변경하거나 면접교섭권을 제한하고, 가정 폭력범에게 주거침입죄를 적용하는 방안 등이다. 제도적 개선을 시도하는 건 필요하지만, 그렇다고 가정 폭력이 개선될까 하는 의구심은 여전히 남는다. 법과 제도를 이용한 공권력으로 피해자와 가해자를 분리하기가 현실적으로 쉽지 않기 때문이다. 예를 들어 피해자 스스로 가정에 돌아가는 경우도 적지 않다.

인권 의식이 향상되고 치안 제도를 강화하면서 난무하던 각종 폭력이 사라졌지만, 가정 폭력은 개선이 가장 더딘 영역이다. 그 원인은 국가가 실태를 제대로 파악하기 어려울 만큼 피해자 상황이 다양하고 복잡한 데 있다. 예를 들어 처음 폭력을 접하고 남편을 떠난 여성이 얼마나 많은지 거의 알 수 없다. 그냥 포기하거나, 이혼을 준비하거나, 끊임없이 갈등하며 결정을 내리지 못하거나, 기타 어떤 상태에 있는지도 알기 어렵다. 도망쳐야 할 정도로 극한 상황이 돼야 신고하고, 국가나 관련 단체는 그제야 공식적으로 현황을 파악할 수밖에 없기 때문이다. 우리가 언론에서 접하는 가정 폭력 사건이 극단적이라 할 만큼 심각한 까닭이 상당 부분 여기 있을 테다.

더 큰 원인은 가정 폭력을 그 가정이나 가족 구성원의 성격, 태도 등 개인적인 문제로 치부하는 인식에 있다고 한다. 심지어 피해자 당사자도! 그렇다면 한국에서 가정 폭력이 음성화되는 원인은 가정 폭력 당사자와 그 주위 사람, 즉 한국인의 가족에 대한 무의식적 관념이 결정적인 것은 아닐까. 내가 그랬고, 많은 한국인이 그렇듯 자신이 속한 어떤 집단에서 맡은 역할을 자기 정체성으로 삼는 무의식적 습관이 내적 요인이고, 가족은 나('우리')의 것 혹은 남의 것이라는 폐쇄적 관념은 외적 요인이라고 할까.

여성학자 정희진에 따르면,[33] 폭력을 행사하는 남편 중에는 가족 안에서 그가 맡은 가장 역할을 정체성으로 삼는 경우가 많다. 가장인 남자는 가정을 다스릴 의무가 있다고 믿는다. 그가 가족 구성원의 생계를 책임지고, 가족에게 명령하는 건 그런 의무를 이행하기 위해서다. 그에 대한 보상은 가족 구성원의 절대 복종과 그들이 제공하는 휴식, 안락이다. 가족 구성원에게서 휴식 서비스를 제공받는 건 가장의 의무에 대한 권리다. 따라서 그는 스트레스를 해소하기 위해 무슨 짓을 해도 된다고 여긴다. 심지어 그것이 폭력의 형태라도 정당한 일이라고 믿는다. 한편 남편은 아내가 아내와 엄마, 며느리 역할을 제대로 하도록 통제해야 한다는 책임도 느낀다. 아내를 바로잡기 위해서는 아이를 체벌하듯 폭력을 행사할 수 있다. 남편 입장에서 폭력은 자기 소임을 다하기 위한 수단일 뿐이다.

아내 입장도 비슷하다.[34] '남자는 여자 하기 나름'이라는 광고 문구처럼, 아내로서 남편을 바꿀 수 있다는 관념은 남편이 폭력을 행사하거나 일탈하는 원인이 자신에게 있다고 생각하도록 만든다. 엄마로서 자식을 위해 참아야 한다는 의무도 느낀다. 무엇보다 여성에게 가정의 존재는 그 정체성의 원천이다. 그녀가 가정에서 벗어나면 폭력은 피할 수 있지만, 사회에서 아무것도 아닌 존재가 될 것이다. 남편이 없어 생활 전선에 뛰어든 박복한 여편네라고 손가락질 받으며 남에게 멸시 당하느니 맞고 사는 것이 차라리 나을지도 모른다고 판단한다. 가정과 자신을 동일시하는 여성은 부부 사이에 생긴 불미스러운 일을 곧 자기 망신으로 여기기도 한다. 상황은 다르지만, 남편의 말기 암 선고로 내가 자존감 하락을 느낀 것과 비슷하지 않을까.

가정 폭력을 사적인 문제로 생각해서 음성화된 또 다른 원인은 가족을 자기 소유라고 생각하는 경향이 있을 테다. 이런 관념이 비단 한국인의 특징은 아니다. 개인주의와 인권 의식이 상당히 높은 서구인도 근대 초까지 자녀를 '내 것', 즉 부모의 소유로 생각했다. 고대에 아내는 신랑 측이 신부 아버지에게 지참금을 주고 데려오는 일종의 소유권 거래 대상이었으며, 이후로도 오랫동안 자타 공히 남편의 '것'이나 마찬가지였다. 하지만 근대 이후 서구에서는 오랜 기간에 걸쳐 조금씩 인권 의식과 '개인' 의식이 발달한 영향으로 자녀를 비롯한 가족이 자기 소유라는 관념에서 벗어났다.

반면 한국인은 자녀, 특히 어린아이를 '내 것'이라고 여기는 관념에서 탈피하지 못하고 있다. 정도가 다를 뿐, 부부 사이도 그렇게 바라보는 경향이 있다. "내 아이 내 마음대로 한다는데 무슨 상관이냐!", "내 가족 일이니 참견하지 말라!"는 말이 한국에서 타당한 요구로 여겨진다는 사실이 대표적인 모습 아닐까. 물론 자녀 교육이나 인성에 관한 고민이나 가족의 경제문제 등 누구나 겪는 대소사에 관련한 일에 요청하지 않은 조언을 듣는 상황에서는 이런 말을 할 수도 있다.

문제는 이 말이 각종 폭력이나 학대에서도 효력을 발휘한다는 사실이다. 남의 물건에 함부로 손대면 안 되는 것처럼 가족의 영역은 당사자 외에는 누구도, 그 어떤 상황에도 관여해서는 안 된다고 여긴다. 가족은 일종의 성역이 돼버렸다. 길거리에서 부부로 보이는 사람이 다투면서 지나치게 폭력을 행사해도, 부모로 보이는 사람이 아이를 때려도 지나가는 사람들이 함부로 참견하거나 막아서기 어려운 게 사실이다. 누가 막아서려고 하면 십중팔구 저런 말이 나올 것이고, 말리려던 사람도 그들이 가족이라면 더 관여해선 안 될 것 같아 주춤한다. 가족이라는 사적 소유 관계에서 벌어진 일, 즉 사생활이나 사적 영역을 침범하는 것처럼 느껴지기 때문이다.

과연 가족은 온전히 사적인 영역일까. 사회라는 공적 영역이 '개인'이라는 사적 존재가 모여 만든 것이라면, 사회 이전 단계의 공동체인 가족도 어느 정도는 공적 성격을 갖춘 영역이라고 볼 수 있지 않을까. 가족 역시 '개인'이 모여 만든 공동체니까. 엄밀히 말해서 가족은 사생활을 공유하는 관계고 집이나 가정은 그 공유가 구체적으로 이뤄지는 공간이지, 가족이나 그 영역의 성격을 오직 사적인 것으로 규정하기 어렵다고 생각한다. 만약 가족이나 그 영역이 온전히 사적인 것이라면 가족 구성원은 사적인 개인이 될 수 없다. 가족을 하나의 사적인 것으로 뭉뚱그려 인식하면 '개인'이 존재할 자리를 찾기 어렵다. '나'라는 개인, 사적 존재는 그저 가족이라는 한 덩어리로 소멸되고, 사회라는 공적 영역을 형성한 사적 존재는 개인이 아니라 가족 집단이 된다.

몇 년 전만 해도 우리가 한국 사회의 기본 단위를 가족(집단)으로 여긴 이유가 여기 있는 것 같다. 민주주의 체제에서 사회를 형성한 주체는 '개인'이므로 사회의 기본 단위도 개인인데, 한국에서는 누구나 사회의 기본 단위를 가족이라고 여기지 않았는가. 이런 인식은 한국에 개인이 존재하지 않은 증거가 아닐까. '나'라는 개인은 없고, 가족이라는 '우리'가 형성한 사회는 더 큰 우리로서 개인이 연대한 '공동체'가 아니라 그저 한 덩어리인 '집단'이다.

반면 민주주의 사회의 기본 단위인 '개인'이 모여 만든 최초의 공동체가 가족이라고 하면, 가족은 개인이 생활하는 사적 영역이자 그 사생활을 '나' 아닌 다른 누구와 공유하는 공적 영역의 성격도 있을 테다. 그때 가족 구성원은 자신을 온전히 소유하는 주인으로서, 자기 일을 스스로 판단하고 결정하며 책임질 수 있는 '개인'이 된다. 이렇게 보면 사생활이란 사적 존재인 개인의 것이지, 사생활을 공유한다고 해서 가족의 것이라고 여기기 어렵다. 그런 가족은 '개인'의 공동체가 아니라 사적 집단일 것이다.

철학자 이진우에 따르면,[35] 우리가 사생활을 존중하는 건 대개 자기 발견과 자기표현으로 이뤄지는 사생활이 자기 정체성을 찾고 자아를 실현하고자 하는 시도이기 때문이다. 이는 한 인간이 '개인'으로 성장하는 과정이자 수단이다. 즉 사생활을 존중하는 건 그의 자율성을 보장하기 위함이고, 가족의 영역을 존중하는 것 역시 개인의 자율성 보장을 전제로 한다. 그런데 폭력이나 억압 등 자아 파괴적 행위가 나타난다면, 우리가 가족을 사적 영역으로 보호하고 존중하는 게 무의미하지 않겠는가. 가족은 사랑이라는 친밀하고 특별한 감정으로 작동하는 관계라는 전통적 관념도 가족 관계나 공간을 사생활 영역이라고 하면서 배타적이고 폐쇄적으로 성역화하는 데 적잖이 영향을 미칠 테다.

하지만 그것이 자아도취적 만족이 아니라 진짜 사랑이라면 가족이라고 해서 나 아닌 사람을 구속하거나 지배하려는 시도가 있을 수 없다. 진짜 사랑은 자율성 보장의 다른 이름이나 마찬가지이므로, 어떤 이유에서든 폭력이나 억압은 사랑과 공존할 수 없다. 사회가 그런 관계나 공간을 존중하기도 어려울 것이다.

한국인은 사생활 보호를 떠올릴 때 흔히 배타적이고 폐쇄적인 태도와 연관시키는 경향이 있다. 아마 타인이나 사생활 존중을 그저 유교적 도덕 개념의 예절과 비슷하게 타율적으로 주입받은 나머지, 상대의 사생활을 제대로 존중하지 못하고 넘지 말아야 할 경계를 곧잘 침범해서가 아닐까 한다. 사생활이란 자기 발견과 자기표현의 활동이다. 따라서 사생활 존중은 나 자신에 대한 존중에서 출발한다. 그래야 나와 타인 사이 경계를 명확하게 규정할 수 있다. 그런데, 유교의 예절처럼 타인만 강조하다 보니 그 경계를 찾기가 쉽지 않은 것이다. 더욱이 '개인'이 소멸된 '우리' 안에서 사생활은 가족 집단의 것이 되어 자기 발견과 자기표현의 활동을 존중하지 못하는 것일 테다. 그러니 각자 자기를 지키기 위해 상대에게 폐쇄적이고 배타적인 태도가 나오는 것 아닐까.

그렇다면 사생활의 폐쇄성과 배타성은 존중하고 존중받지 못하는 태도에서 기인하는 것이지, 그 자체의 성격은 아니다. 내 사생활이 충분히 존중받는다면 굳이 감추려고 할 필요가 없지 않겠는가.

구시대적 시각에서 벗어나지 못한 살림에 대한 편견

국회에서 처음 일할 때 나는 사무실의 행정적인 부분을 책임졌다. 나는 그 일이 싫었다. 업무보다 주위 시선 때문이었다. 나를 하찮은 일이나 하는 사람으로 보는 듯했다. 시선이 정말 그랬는지 어땠는지 모르지만, 누구보다 나 자신이 그 일을 하찮게 생각했다. 그래서 굳이 다시 인턴이 되는 후진을 감행하면서 업무를 바꿨다.[36] 국회에서 사무실 행정 업무는 곧잘 '살림'이라는 단어로 비유되곤 한다. 나는 행정 업무나 살림이 특별한 능력이나 자질이 필요하지 않은, 그래서 아무나 할 수 있는 하찮은 일로 생각했다.

나만 그렇게 인식한 건 아닐 듯싶다. 사회 일이니 행정 담당자를 다소 우습게 알고 편히 대하면서도 노골적으로 폄하하는 말을 하지는 않았지만, 가정일인 살림에는 노골적으로 폄하하는 말이 흔했기 때문이다. 살림 담당자인 주부를 두고 흔히 '집에서 살림이나 하는 여자(사람)'라고 쉽게 말하지 않았던가. 행정 업무 담당인 나 자신을 하찮은 사람이라고 여긴 데는 그 영향이 있음을 부인할 수 없다.

집에서 살림이나 하는 여자는 곧 '엄마'이기도 하다. 엄마가 하는 일 가운데 커다란 부분을 차지하는 살림은 하찮은 일이지만, 엄마는 누구도 함부로 할 수 없는 성스러운 존재다. 그 이유 가운데 하나는 엄마가 가족 구성원에게 제공하는 정서적 지원 역할이다. 엄마라고 하면 모두 특별하게 여기는 합리적인 이유는 이것일 테다.

하지만 아이러니하게도 엄마처럼 되고 싶어 하는 사람은 없다. 엄마의 또 다른 모습인 살림하는 여자(사람)가 되고 싶어 하는 사람은 없다. 아들은 물론이고(당연히 자기 역할이 아니라고 생각하니), 딸도 그렇다. 무엇보다 현재 살림을 하는 엄마 역시 마찬가지다. 내가 행정 업무를 하찮게 여기며 그 일에서 벗어나고 싶어 했듯이, 많은 주부가 '살림(이나) 하는 사람'에서 벗어나고 싶어 한다. 내 또래 젊은 주부뿐만 아니다. 내 엄마도, 시어머니도 그랬던 듯하다. '집에서 살림이나 하는' 처지에서 벗어나고 싶었지만 시대가 이를 허락하지 않자 가족 안에서 이런저런 방법으로, 당신의 재능에 따라 나름대로 최선을 다했으리라는 게 훤히 보인다. 친정 엄마는 자영업을 한 아버지의 능력 있는 조력자로, 시어머니는 누구 못지않은 음식 솜씨(요즘 같았으면 반찬 사업으로 명성을 떨쳤을지도 모른다)로 그랬을 것이다.

전업주부인 친구들은 말할 필요도 없다. 직장 맘은 일과 가사를 병행하느라 힘들어하지만, 전업주부는 사회에서 뭔가 생산적인 일을 할 수 없을까 늘 고민하고 답답해한다. 어떤 친구는 (여건이 되면) 살림 따위는 가사 도우미에게 맡기고 자기는 운동과 쇼핑으로 외모를 꾸미는 데 열중하는 한편, 자녀 교육과 관련 정보 수집에 열을 올린다. 살림은 나름 전문가(라고 부르면서 그런 하찮은 일을 할 만한 사람)에게 맡기고, 자기는 다른 일을 하려는 것이다.

나는 이런 현상이 (전업주부에 대한 흔한 진단처럼) 자기실현의 한계 때문만은 아니라고 생각한다. 내가 과거에 그랬듯이 그들도 마음 깊은 곳에 살림을 하찮게 여기는 생각이 있기 때문 아닐까. 살림에 대한 편견 탓에 가족 안에서 엄마의 존재는 모순적이다. 아무도 함부로 할 수 없는 성스러운 존재이면서도 아무도 하고 싶지 않은 (하찮은) 일을 하는 사람이다.

1부에서도 말했듯 프로이트에 따르면, 인간은 죄의식이 드는 대상을 함부로 할 수 없는 어떤 고결하고 거룩한 것으로 만들어 자기 죄책감과 공포를 승화하려는 심리가 있다. 엄마를 성스러운 존재로 만드는 마음에는 살림 같은 하찮은 일을 엄마에게 미루면서 드는 죄책감도 한 몫 하는 것 아닐까. 그래서 당사자인 엄마 역시 정서적 가교 역할이라는 가족 안에서 가장 중요한 일을 일부 포기하거나 등한시하더라도 살림에서 벗어나고 싶어 하는 것 아닐까. 집에서 살림이나 하는 사람으로 남고 싶지 않은 것이다.

철학자 이진우는 사회와 가족이 영향을 주고받는 모습의 하나로 살림에 대한 이런 편견을 예로 든다. "가사 노동이 여성의 노동으로 파악돼 가치 없는 일로 여겨진다면, 이는 여성의 정체성에 심각한 영향을 미친다. 이 모든 사실은 사회적 불평등이 가정에 반영될 뿐만 아니라, 가정의 평등 관계가 가정 안에 머물지 않고 사회적 불의를 야기할 수 있다는 것을 말해준다."[37]

그렇다고 살림을 특별히 높이 평가해야 한다고 생각하지는 않는다. 얼마 전까지 자주 방송하던 어느 광고에서 물장구치는 아이를 챙기다가 한숨을 내쉬며, “이렇게 힘들고 어려운 일을 하는데 왜 엄마 일은 경력이 되지 않는 거야”라며 한탄하는 장면이 있었다. 엄마 일은 경력이 될 수 있다고 생각한다. 너무나 많은 사람이 하기 때문에 변별력 있는 경력이 되지 못할 뿐이다. 살림을 사회적 경력으로 인정하는 건 무리지만, 적어도 하찮은 일로 폄하하는 건 멈출 수 있지 않을까.

이런 태도는 살림이 정말 하찮고 쉬운 일이기 때문이 아니라, 살림을 주로 담당한 여성에 대한 전근대의 차별과 폄하에서 기인한 영향이 있기 때문이다. 무엇보다 앞으로는 가족의 역할이 그저 몸을 유지하는 데 필요한 물질적 기능을 제공하는 것이 아니라 구성원에 대한 정서적 지원에 치중해야 한다면, 그 정서적 교감의 매개가 되는 ‘집안일’ 역시 중요한 일이기 때문이다.

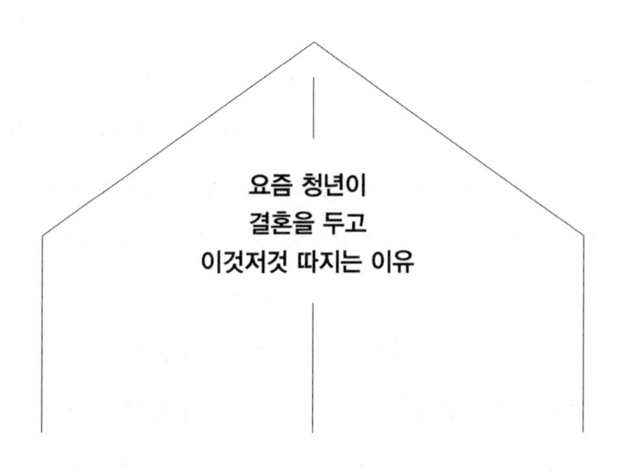

요즘 청년이 결혼을 두고 이것저것 따지는 이유

처음에 고백했듯이, 나는 결혼 초까지 거의 모든 것을 외적 기준으로 판단했다. 혼자 속으로 동료들과 경쟁에 사로잡혀 그들보다 먼저 승진해야 한다고 자신을 다그친 것도 그런 맥락이었다. 교제하는 남자라고 예외였을 리 있겠나. 결혼할 가능성이 있는 사람이라면 더욱 깐깐한 기준으로 재단했다. 남들은 그 정도가 따진 거냐 하고, 친정 엄마도 고르고 고른 게 겨우 그 사람이냐 하지만, 내 기준에 맞고 마음에 드는 사람은 현실에서 발견하기 어려웠다. 그만큼 나는 결혼을 이해타산에 밝게 결정했다.

흔히 결혼을 낭만적 사랑의 결실이라고 여긴다. 정말 그럴까. 로미오와 줄리엣을 보면 알 수 있듯이, 봉건시대 결혼은 당사자의 '의지'가 아니라 가문(부모)의 결정으로 이뤄졌다. 중세 사회에 영향력을 행사한 또 다른 세력인 교회(가톨릭)가 부모라는 타인의 의지가 아니라 당사자 본인의 '의지'를 고무하려는 의도로 남녀 관계, 나아가 결혼에 대한 이미지를 바꾸려고 한 결과가 '결혼은 낭만적 사랑의 결실'이라는 이미지로 나타났다는 분석도 있다. 어쨌든 봉건제가 무너지는 사회변혁의 시기엔 결혼을 온전히 낭만적인 것으로 여기는 분위기였다. 사랑을 위해 현해탄에 뛰어든 조선 최초 여성 성악가 윤심덕처럼 한국에서도 그랬다.

하지만 근대화와 산업화가 진행되면서 결혼은 낭만보다 이해타산에 따른 거래 행위로 회귀하는 모양새다. 요즘 결혼율이 낮은 원인을 소득 격차나 경제 환경 탓으로 꼽는 경향이 이를 반영하는 것일 테다. "요즘 사람들은 너무 이것저것 따지는 게 문제야." 간혹 어르신들이 결혼하지 않은 청년에게 내리는 진단은 거래로서 결혼을 나타내는 다른 표현에 지나지 않다.

얼굴도 보지 않고 결혼하던 시대에 청년기를 보낸 어르신은 그저 웬만한 사람과 같이 살다 보면 정붙이는 일을 요즘 청년이 너무 까다롭고 어렵게 생각하는 듯 보일 테다. 하지만 요즘 청년이 괜히 그러는 게 아니다. 적어도 환경적 측면에서는 그렇다. 예를 들어 1960~1970년대만 해도 사람들은 물질적으로 서로 의존해야 살아갈 수 있는 상황이었다. 여성은 사회나 가정에서 지위가 열악했다. 친정에서는 오빠나 남동생 뒷바라지를 하는 경우가 많았고, 결혼한 뒤에는 시어른과 남편, 자식으로 대상이 바뀔 뿐 상황은 달라지지 않았다. 그래도 과년한 여성이 삶을 이어갈 방법은 결혼밖에 없었다. 남성 역시 마찬가지다. 경제적인 문제를 해결할 수 있을 뿐, 남자가 부엌에 들어가면 큰일 날 것처럼 생각했다. 요리하는 남자가 섹시하다는 건 요즘 생긴 말 아닌가. 그렇다고 지금처럼 외식할 곳이 많거나 배달 음식이 마땅하지도 않았다. 즐길 거리도 충분하지 않았다.

요즘은 어떤가. 진학률이 높아지고 사회적 편견이 줄어든 덕분에 과거보다 여성이 사회에 진출하기 쉽다. 경제적인 부분을 남성에게 기대지 않아도 되는 것이다. 기술과 외식산업이 발전하면서 남성은 집안일과 끼니를 비교적 쉽게 해결할 수 있다. 반려동물과 기타 오락 거리 등 외로움을 달랠 방안도 즐길 거리가 희박하던 과거에 비해 다양하다. 혼자 노년을 맞이하는 두려움조차 별로 위협이 되지 않는다. 과거에 여자는 남자에게 주로 경제적인 부분을, 남자는 여자에게 집안일을 의존했다면 이제는 결혼해서 얻을 기대와 이익이 크지 않다. 아쉬울 게 별로 없으니 아무래도 배우자를 선택할 때 고려할 사항이 과거보다 까다로워지고, 마땅한 사람을 찾기는 점점 어려워지는 것 아닐까.

다시 내 얘기를 하자면, 나는 계산에 맞는 사람과 결혼에 성공했다. 결혼한 뒤에도 이런 태도를 견지했다. 경제적인 면이든, 물리적 노동 문제든, 마음 자세든 내 이익을 우선했다. 한마디로 주는 것보다 많이 받으려고 했다. 그런데 그게 어디 쉬운 일인가. 성에 차지 않는 경우가 생기고, 그때마다 나도 모르게 방어적 반응을 보여 불만이 쌓였다. 남편에게도 불만이 생길 수밖에 없고. 알다시피 이런저런 일을 겪으면서 마음 고생을 했다.

이래서는 안 되겠다고 생각했다. 내가 달라져야겠다고 마음먹었다. 하지만 쉽지 않았다. 내가 만든 가족 관계에서 주인이 되지 못하고 손님처럼 굴며 늘 받으려고 하는 태도가 문제라는 걸 깨닫기까지 여러 번 넘어졌다. 주인 자리를 되찾아 내가 더 많이 주겠다는 마음을 먹는 데 용기도 필요했다. 그래도 이런 마음을 먹으니 많은 문제가 풀렸다. 게다가 '주는' 태도에 관심을 기울이니, 생각지 않게 내 깜냥이 얼마나 큰지도 확인할 수 있었다. 자신감과 자존감을 회복하는 데 도움이 됐다. 시댁의 요구에 방어적으로 반응하지 않는 자신을 보면서, 내가 받는 것에 초점을 맞추면 피동적이고 소극적으로 행동하게 된다는 사실을 발견했다. 주인이 되지 못했기 때문일 테다. 주인 의식은 내가 내키고 할 수 있는 거면 받아들이고, 아니면 당당히 거절할 수 있게 만들어줬다. 계산적으로 굴던 속셈을 포기하니 결혼 관계가 내게 자신감과 자유를 선사해주는 것 같았다.

심리학자 에드워드 L. 데시에 따르면, 인간에게는 매슬로가 말한 다섯 가지 욕구 외에 꼭 충족해야 할 세 가지 욕구가 더 있다. 메타인지라고 하는 자기 능력을 알고자 하는 욕구, 자율성 욕구, 관계 욕구다. 이 세 가지는 행복감에 중요한 요소다. 나는 결혼으로 남편을 통해 관계 욕구를 충족했을 뿐만 아니라 내 깜냥을 자각해서 메타인지 욕구를 충족했고, 당당해져서 자율성 욕구를 충족했다.

그렇다고 해도 결혼을 꼭 해야 한다고 생각하지는 않는다. 관계는 삶을 배우기 위해서 필요한 장치에 불과하며, 살아가는 이유,

살면서 배우고 깨달아야 할 내용도 사람마다 다르다. 꼭 혼인 관계가 아니라도 각자 다양한 관계에서 자기 깜냥만큼 성장할 것이다. 나 역시 아이가 없어 부모 자식 관계를 맺지 못하는 처지이니, 자신이나 타인에게 통념에 맞는 관계를 전부 맺어야 한다고 강권할 일은 아니라고 생각한다.

결혼은 선택이라고 말하는 젊은이, '개인'의 등장

"아이를 낳지 않을 거면 왜 결혼해요?" 친구를 만난 자리에 동석한 청년이 물었다. 그는 나보다 열 살 어렸다. 내가 결혼할 때만 해도 결혼하지 않으면 큰일 나는 줄 알았는데, 불과 10여 년 만에 완전히 달라진 세태에 놀라워하는 대화 가운데 받은 질문이다. 그 청년은 9년 사귄 애인이 있지만, 결혼할 생각은 없다고 했다. 결혼이란 제도에 의구심이 있었다. 나는 아이 없는 결혼 생활을 하면서 막연히 느끼는 장점을 늘어놓았으나, 그 청년이 만족할 만한 대답을 하지 못했다. 말하는 나도 뭔가 뜬구름 잡는 소리로 들렸고, 그 역시 갸우뚱하며 재차 물었다. "그런 장점이 꼭 결혼해야 생기는 건 아니잖아요. 아이를 낳지 않을 거면 결혼할 필요가 없는 것 아닌가요? 아이가 없다면 부부가 얻는 것보다 잃는 게 많지 싶은데……."

집에 돌아와서 줄곧 생각해도 그 질문에 뾰족한 답을 찾지 못했다. 아이를 낳는다면 그 아이가 또 다른 사회 구성원으로 혜택을 받고 제 역할을 할 수 있도록 사회가 규정한 결혼이라는 테두리 안에 들어가는 게 맞다. 그렇다면 결혼은 부부보다 아이를 위한 제도다. 부부를 위해서 꼭 결혼할 필요는 없는 것이다.

근대국가 개념을 만들고 민주 체제로 변한 사회구조에 맞춰 가족 개념을 다시 규정한 근대 사상가들 역시 부부의 결합이 갖는 근대적 의미를 찾는 일에서는 봉건시대 가족의 목적에서 벗어나지 못했다. 사회 구성원을 재생산하기 위한 결합이라는 시각이다. 그나마 칸트가 성적 욕구 만족을 위한 도구적 관점에서 봤다는 게 색다르다. 사회체제가 바뀌면서 자연히 가족에 대해서도 근대적 시각이 필요했지만, 산업화 초기인 만큼 여전히 인구를 생산하는 일이 중요했기에 그랬을 것이다. 굴뚝 산업으로 대표되는 제조업은 물건을 만들고 그것을 소비할 인구가 중요하니까.

하지만 굴뚝 산업에서 지식정보산업, 오늘날 인공지능까지 산업구조가 바뀌고 있다. 무엇보다 각자 자기실현 욕구가 커지면서 아이를 낳아 기르는 일을 그리 중요하게 여기지 않는 추세다. 봉건시대에 결혼이 가족과 가문이 번성하기 위한 수단이었다면, 근대 이후엔 가문 번성이라는 역할이 빠진 채 긴 시간 동안 인내가 필요한 양육의 책임을 다하기 위해 부부를 묶어놓은 밧줄과 같은 역할을 하는 것일 수도 있다. 아이를 낳으려고 하지 않는 현대엔 결혼이 굳이 필요 없다는 말이 맞을지도 모른다. 결혼해도 외로움이 사라지지 않기 때문이기도 하고. 부부 사이라도 살아가는 건 전적으로 각자의 일이니, 배우자가 항상 내 외로움을 채우리라는 기대는 무리 아닌가.

결혼하지 않고 혼자 사는 아들의 모습을 보여주는 예능 프로그램 〈미운 우리 새끼〉에서 배우 박중훈은 어떻게 스물아홉이라는 꽤 이른 나이에 결혼할 생각을 했느냐는 엄마들 질문에 대답했다. "저희 때 결혼은 그냥 당연히 해야 하는 거라고 생각했어요." 결혼을 할까 말까 하는 고민이 없었다는 것이다. 나도 똑같다. 결혼하고 싶어서 한 게 아니다. 물론 표면적으로는 결혼하고 싶어서 안달했고, 남편도 좋았다. 하지만 내가 결혼을 결정한 이유는 상당 부분 결혼하지 않으면 큰일 나는 줄 알던 실체 없는 두려움, 위기감 때문이었다. 내 또래 얘기를 들어보면 다 비슷하다. 박중훈이 말했듯이 결혼은 반드시 해야 하는 거라고, 하지 않으면 비참하게 살 거라고 철석같이 믿었다. 그래서 적당한 때 적당한 사람을 만나면, 이제는 결혼하자고 결심했다. (아이를 낳는 것도 마찬가지다. 아이를 낳을지 말지는 고민할 거리가 아니었다. 결혼하면 아이는 당연히 낳아야 하고, 아이가 없으면 결혼 생활도 유지되지 않을 거라고 생각했다.)

이전 세대는 더 그랬다. 전통적 관례가 무의식에 스며들기도 했지만, 결혼해야 생존이 가능했기 때문이기도 하다. 먹고살기 위해 경제 재건에 힘쓰면서 삶에 필요한 다른 모든 부분을 가족(개인)이 알아서 해결하도록 했다. 가진 게 없으니 어쩔 수 없었다. 먹고 사는 데 급급한 사람들에게 가장 중요한 건 배를 곯지 않는 일 아니겠나. 배우자가 어떤 생각을 하고 성향이 어떤 사람인지, 자아실현에 도움이 될지 따위는 중요하지 않았다. 차라리 중요한 건 그의 배경이나 조건이었다. 성격이나 가치관, 태도 등은 웬만하면 되고, 그저 누가 옆에 있으면 됐다. 가족이 되면 어차피 '우리'라는 한 덩어리로 묶일 테니, 그런 개인성은 중요하지 않았던 것이다.

이런 결정은 겉보기에 자기 선택 같아도 타율적인 선택에 가깝다. 살면서 느끼고 생각하고 달라지는 내적 자아실현보다는 그저 육체를 유지하고 안락하게 만드는 데 필요한 고민에 그치기 때문이다. 그것은 내 결정이 아니라 누군가와 함께 살지 않으면 안 되는 환경이 결정한 것이나 마찬가지라고 할 수 있다. 그런 결합에는 일종의 사슬이나 족쇄처럼 구성원을 인위적으로 결속하는 장치가 필요하다. 결혼이 그런 타율적 구속의 역할을 한 것이다. 동거에 색안경 끼고 그럴 거면 결혼해야 한다는 당부, 결혼하지 않은 채 동거하면 헤어지기 쉽다는 우려는 그들의 결혼이 온전한 자기 내적 욕구에 의한 자율적 판단에 따른 결과가 아닌 영향이 적지 않을 테다.

그렇게 살아온 부모와 이전 세대 덕에 이제는 결혼이, 가족을 구성하는 일이 유일한 생존 방식인 상태에서 벗어났다. 이전 세대가 허리띠를 졸라매고 이룬 풍요 덕분에 지금 한국인에게는 다양한 형태와 방식으로 삶을 지속할 수 있는 선택권이 생겼다. 결혼도 그 가운데 하나가 된 것이다. 과거처럼 환경에 따라 타율적으로 파트너를 선택할 필요가 없다.

만혼이나 이혼 등 결혼 기피 현상은 비단 결혼과 육아 비용 같은 물질적 이유 때문이 아니다. 서양 드라마에서 보듯이 사귀고 애인으로 지내고 심지어 동거하는 사이라도 상대에게 '사랑'한다고 말하고, 나아가 청혼하는 건 차원이 다른 특별한 결정이다. 쉽게 결혼했다가 이혼하는 사람이 있는 반면, 연애를 해도 결혼은 좀처럼 결정하지 못하는 사람도 있다. 이런 결혼은 이전보다 자율적이다. 환경이나 부모, 다른 외부 여건 때문에 어쩔 수 없이 하는 게 아니라 순전히 자기 내적 욕구에 따라 내리는 결정이다.

결혼이란 무엇인가. 가족을 만드는 일이다. 두 사람이 이렇게 자율적인 결정으로 만든 가족이라면, 그 가족은 이전과 조금 다를 테다. 예를 들어 다양한 삶의 형태가 있으니 결혼이라는 제도를 거부하는 가족도 있다. 한국도 그런 가족이 있다. 무작위로 아무 집에 찾아가서 그 가족과 식사하는 예능 프로그램 〈한 끼 줍쇼〉에 등장한 어떤 가정이 그랬다. 겉보기엔 평범한, 아니 전형적인 4인 '정상 가족'이다. 그런데 부부가 결혼하지 않은 상태였다. 동거 가족이다. 서류상으로는 구성원이 모두 '개인'이다. 한국식 관념으로 치면 '남'이다. 이들은 결혼이라는 사슬에 묶이지 않아도 가족을 유지한다. 외부 요인이 아니라 온전한 자기 내적 욕구에 따라 가족을 형성한 덕에 그런 사슬이나 장치 없이도 자율적으로 가족을 유지하면서 그에 대한 책임을 다하는 것일 테다.

과거에는 배우자와 자식이라는 가족('나' 아닌 다른 사람)에게 의존해야 살아갈 수 있었다면, 이제는 의지할지언정 의존할 대상이 반드시 필요하지는 않다. '나' 아닌 다른 사람에게 의존하지 않고도 기본적인 삶을 영위할 수 있는 존재, 즉 스스로 살아갈 수 있는 존재가 근대의 신인류 '개인'이다. 결혼을 선택이라고 말하는 목소리는 한국에 이제야 비로소 근대적 '개인'이 등장한 신호라고 봐도 무방하지 않을까.

결혼 대신 동거를 권하는 부모, 북유럽 보편 복지가 지향하는 바는 평등이 아니라 개인주의

벨기에 출신 방송인 줄리안이 이상민, 구준엽과 함께 이상민의 '절친'인 디자이너 간호섭 교수 집에 방문한 모습이 〈미운 우리 새끼〉에 나왔다. 이상민과 구준엽처럼 간호섭 교수도 솔로다. 식사 도중 결혼 얘기가 나오자 줄리안이 에피소드를 들려줬다. "임신한 것도 아닌데 왜 결혼을 하니?" 줄리안의 어머니가 형과 그 여자 친구에게 한 말이라고 한다. 결혼하겠다고 여자 친구를 데려온 아들에게 어머니는 동거하지 않는 걸 의아해하며 결혼을 반대했다는 것이다. 줄리안은 벨기에에서 동거 부부와 동거 가족이 자연스러우며, 동거 부부의 자녀에 대한 기본적인 제도도 갖춰졌다고 설명했다.

복지 천국으로 알려진 스웨덴도 비슷하고, 프랑스 역시 동거와 결혼에 대한 인식 차이가 크지 않다고 한다. 동거를 사실혼처럼 여기는 것일 테다. 그러다 보니 아이가 생겨도 결혼하지 않고 있다가 헤어지는 경우가 많고, 자연히 미혼 부모도 증가했다. 그 수가 많아져 국가와 사회가 급식, 학비 등을 지원해야 했다고 한다.

그런 아이들에게 선택적으로 지원하지 않고 혜택을 보편적으로 확대한 이유가 있다. '정상 가족' 아이와 차별 방지 같은 평등 관점이 아니다. 정상 가족이거나 경제적으로 문제가 없는 가정이라도 학대 받는 아동이나 방치되는 아이가 있을 수 있다. 이런 아이들은 잘 드러나지 않는데, 아이들 입장에서는 학대 받거나 방치돼도 아직 자립하기 어려운 처지 때문에 부모에게 의존할 수밖에 없다. 따라서 급식, 학비 지원 등 보편 복지는 아이가 부모에게 의존하지 않아도 학교라는 사회에서 기본적 생활을 영위할 수 있도록 돕기 위한 조치다.

라스 다니엘손 주한 스웨덴 대사의 설명에 따르면,[38] 스웨덴에서는 대학생이 되면 부모 수입과 관계없이 누구든 학자금 대출을 받을 수 있다. 이런 지원은 성인으로서 가능한 한 빨리 부모에게서 독립할 수 있게 만들기 위한 조치다. 여성의 경제활동 지원도 같은 차원이다. 스웨덴은 여성의 경제활동 참가율이 매우 높다. OECD 국가 가운데 아이슬란드에 이어 두 번째다. 스웨덴 정부는 여성의 경제활동을 돕기 위해 국가가 낮에 아이를 돌볼 사람을 소개해주는 등 각종 방안을 제공한다.

우리가 도입하려는 방법과 같은데, 그 목적이 다르다. 스웨덴 정부가 이런 방법으로 여성의 경제활동을 독려하는 이유는 국가(경제와 사회)를 위해서가 아니라 사회 구성원 각자의 독립, 즉 개인화를 위해서다. 아내가 남편에게 의존하지 않으려면 경제활동이 필수 아닌가. 아내가 남편에게, 자녀가 부모에게, 노인이 청년에게 의존하지 않고 자립할 수 있도록 각자 처한 상황에 따라 보조적 지원을 하는 것이다.

스웨덴의 복지 정책이 지향하는 바를 알고 반성했다. 국회에서 일할 때 여성의 경제활동 참가율을 높여야 한다고 강조하고, 정부에 방안을 촉구하면서 대안을 제시하는 자료를 만든 적이 있다. '왜 더 많은 여성이 경제활동을 해야 하는가'라는 당위성을 설명할 때면 으레 국가와 사회 발전 측면에서 말했다. 여성 고용률과 회사나 국가 성장률 등을 비교하면서 고학력에 능력 있는 여성을 살림만 하도록 두는 건 자원 낭비라고 주장했다. 나 역시 여성의 경제적·사회적 역할을 개인이 아니라 국가와 사회에 얼마나 도움이 되는가라는 기준으로 본 것이다.

스웨덴의 복지 정책은 모든 사회 구성원의 개인화가 핵심이다. '우리' 가족을 신성하게 여기는 한국인의 시각으로 보면 가족의 해체를 지향하는 정책이라고 할 수 있을지도 모르겠다. 국가의 복지 서비스를 개별적으로 제공하는 만큼, 각종 공과금도 개별적으로 부과한다. 가족 공제, 부부 공제 같은 게 거의 없다고 한다.

한국도 최근에 직장 생활 하는 자식의 피부양자로 등록해서 건

강보험료 납부를 면제하는 제도의 대상자인 은퇴 부부의 소득 기준을 낮췄다. 이제 분가한 자녀와 그 부모가 보험료를 따로 내야 한다. 비록 소득이나 재산이 많은 은퇴 부부와 그에 못 미치는 월급을 받는 직장인의 형평성 문제를 개선하려는 평등의 관점 차원인 건 여전하지만, 가족에 대한 의식 측면에서 보면 가족을 분리·개인화하는 데 영향이 없지 않을 것이다.

반면 복지 서비스는 아직 그런 방식으로 제공할 기미가 보이지 않는다. 예를 들어 최근 확대한 아동 수당은 부모에게 지급하는 방식이라는 점이 아쉽다. 그런 방식은 의도와 달리 아동보다 부모를 위한 지원이 되기 쉬워, 부모에 대한 의존성을 약화하는 게 아니라 오히려 부모에게 더 예속되는 결과를 가져오지 않을까 우려된다. 무엇보다 아이를 위한 제도가 돼야 할 아동 수당 확대가 저출산 문제 해결 대책의 일환이라는 사실은 참담하다. 출생률 제고라는 국가의 목적을 위해 아동을 이용하는 것처럼 보이는 면도 있기 때문이다. '개인'과 전혀 상반된 도구적 인간관 아닌가.

저출산 현상은 인구가 아니라 생산성의 문제

어느 소셜 미디어에 가족에 관한 글을 게시했다가 뜬금없이 출산 문제로 아웅다웅한 적이 있다. 내 상황을 알지 못하는 사람이 아이 없는 부부 가족으로 지내는 나를 나무랐다. 나는 사정이 있어서 남편이 아이를 원하지 않고, 양가 부모도 이를 문제 삼지 않는다고 대답했지만, 막무가내로 나와 가족을 모두 비난했다. 그냥 무시하면 될 일인데 조금 심한 것 같아 사정을 얘기했더니, 자기가 너무 나간 것 같다고 머쓱해했다.

아무리 가상의 공간에서 벌어진 일이라도 기분이 나빴다. 갑자기 천인공노할 문제아로 손가락질을 받자, 사소한 일까지 떠올라 피가 거꾸로 솟을 뻔했다. 언젠가 연말 모임에서 연년생으로 둘째를 낳은 후배에게 나라 위해 좋은 일 했다며 칭찬하던 사람들 얼굴이 떠올랐다. 후배를 보고 흐뭇해하던 시선이 새삼스레 그 자리에 있던 나를 공격하는 듯 느껴졌다. 아이를 둘이나 낳아서 후배가 장하다면 아이들 하나도 낳지 않은 나는 못났나.

앞서 얘기했듯이 한국 사회에서는 '정상'이 아닌 건 전부 '비정상'이다. 가족에 대해서 보면 이성 부모와 이성 자녀로 구성된 4인 가족이 정상이고, 그 나머지 형태는 전부 비정상이다. 저출산이 문제가 되자 아이가 하나라도 있으면 애국자로 칭송받는 것이지, 과거엔 3인 가족도 비정상이었다. 형제 없이 자라면 이기적인 사람이 된다느니, 사회성이 떨어진다느니, 지금 보면 혀를 찰 편견이 과거엔 얼마나 정상으로 여겨졌는가.

나는 요즘 결혼을 거부하는 풍토이니, 아이가 없어도 결혼한 이성 부부 2인 가족이 반쯤은 정상에 들어갈 수 있지 않을까 은근히 기대했다. 다시 생각해보니 착각이었다. 한국에서 아이 없이 둘이 사는 부부는 비정상일 뿐만 아니라, 천인공노할 매국노다. 수조 원을 쏟아부어도 해결될 기미가 보이지 않는 저출산 현상의 주범이 바로 나 같은 사람들이다. 2006년 이후 지금까지 저출산 문제를 해결하기 위해 80조 원이 넘는 예산을 투입했다는데 별 효과가 없고, 최근에는 신혼부부와 산모, 아이 등에게 또다시 대대적인 세금을 투입하게 만드니 저출산 현상을 심각하게 보는 이들은 나 같은 사람이 얼마나 원망스럽겠는가.

여자 배우들이 하숙하는 콘셉트의 예능 프로그램이 있었다. 출연자 네 명 가운데 육아 중인 사람이 둘 있고, 한 명은 곧 결혼할 예정이었다. 다 같이 첫 식사를 하는 장면에서 출산 장려 정책과 혜택에 관한 얘기를 나누기 시작했다. 그러더니 짧은 기간 동안 아이 둘을 낳은 사람에게 자타 공히 애국했다며 칭찬하는 분위기로 이어졌다. 이처럼 방송에서도 갓 출산한 산모에게 육아의 수고를 격려하며 애국이라는 말을 덧붙이는 경우가 허다하다.

출산이 애국이고 사회적 기여라니, 그런 말을 들을 때마다 전쟁 직후 폐허 시대로 돌아간 느낌이 든다. 무엇보다 출산과 애국을 연관시키는 태도는 국가의 부속품이라고 자처하는 것 같아 불편하다. 저출산 문제 해결에 막대한 예산을 쏟아붓고 사람들도 출산을 애국이라 여기며 칭찬하는 데는 여러 가지 이유가 있지만, 가장 쉽게 즉흥적으로 떠올리는 건 국가를 유지할 원천이 부족하다는 점이다. 경제적 측면에서 사람은 물품과 서비스의 수요자이며 공급자이므로, 인구 감소는 국가 경제 쇠락으로 이어지기 십상이다. 특히 우리 사회처럼 급속한 고령화가 나타나는 경우, 미래에 큰 부담으로 작용할 것이라고 우려한다.

이런 우려가 불가피한 것인지는 차치하더라도, 저출산을 문제 삼는 이유가 다분히 경제적 요인 때문이라면 도구적 인간관을 반영하는 시각이다(마르크스가 땅을 치며 울부짖을 일이다). 사람이 경제사회라는 톱니바퀴를 계속 움직이게 만들 도구(부속품)라는 의미 아닌가. 몇몇 어르신은 한국이라는 나라가 사라질지도 모른다고 두려워하기도 한다. 이 역시 인간을 한국이라는 사회를 유지하기 위한 도구로 보는 관점 아닐까. 이런 도구적 인간관이 최근 아동 수당 확대를 저출산 해결책의 하나라고 제시하는 방식으로 이어진 것일 테다. 아동을 위한 국가의 복지 서비스는 아동 개인의 생활이나 성장을 돕는 게 아니라, 성인이 또 다른 아이를 낳도록 만들기 위한 유인책이 되기 때문이다. 이때 아이는 어른이 목적을 달성하기 위한 수단일 뿐이다.

저출산 현상에서 우려할 건 인구의 문제가 아니라고 생각한다. 자료에 따르면,[39] 인구수 절댓값에서 2017년 한국은 세계 27위이고 OECD 36개 국가 중 여덟 번째로 많다. 그런데 인구밀도로 따지면 OECD에서 단연 1위고, 세계 230여 개국에서 세 번째다. 일본도, 유럽도, 미국도, 심지어 인구로 힘자랑하는 중국도 한국처럼 부대끼는 환경이 아니다. 인구밀도가 한국보다 높은 나라는 대만과 방글라데시뿐인데, 대만은 출생률이 한국보다 낮고, 방글라데시 역시 급속도로 하락하는 추세다.[40] 자료는 이것이 일정 개체

수 이상을 넘지 않으려는 본능적·자연적 현상이라고 분석한다. 원인이 무엇이든 인구 감소 자체를 우려하는 건 복작복작한 고밀도 상태를 유지해야 한다는 의미나 마찬가지다.

저출산 현상을 우려하는 것은 결국 경제적인 문제 때문이다. 일할 사람이 부족하다는 것, 청년 한 명이 먹여 살려야 할 노인 인구가 너무 많아진다는 것이다. 나는 이런 걱정도 앞으로 한국은 생산성을 향상하지 않고 지금 수준을 유지하겠다는 말로 들린다. 2016년 한국의 1인당 노동생산성은 OECD 국가 가운데 21위, 시간당 생산성은 27위로 경제 규모에 비해 매우 낮은 편이다. 낮은 생산성은 한국의 국내총생산GDP 성장률을 감소하게 만드는 원인으로 지적된다.[41]

한국의 생산성이 낮은 원인은 긴 근로시간도 문제지만, 전반적으로 높은 부가가치를 생산하는 데 한계를 보이는 것이 근본적인 원인이라고 한다. 단적인 예를 들면, 나는 일상에서 이른바 명품이라고 하는 것들이 생산하는 부가가치를 크게 느낀다. 이탈리아나 프랑스, 스위스의 제품은 고작 들고 다니는 가방 하나, 손목시계 하나가 웬만한 자동차 한 대 값에 버금간다. 거칠게 생각해도 가방이나 시계 만드는 노동력과 자동차 만드는 데 필요한 노동력이 다를 테고, 하나 팔아서 같은 돈을 번다면 당연히 명품을 만드는 쪽의 부가가치가 월등히 높지 않겠는가. 그것 하나 만들기 위해 일하는 시간 역시 다르고.

이렇게 보면 한국의 근로시간이 유독 긴 현실 역시 그저 문화적인 이유가 아니다. 고부가가치 제품이나 서비스 생산이 주력 산업인 구조가 돼서 1000만 원 벌기 위해 열 명이 일하던 것을 다섯 명이 다섯 시간 일해서 번다면, 일할 사람이 부족하다거나 청년 한 명이 먹여 살려야 할 노인 인구가 그렇게 큰 문제가 되지 않을 테다. 더불어 한국인도 복작복작한 환경에서 벗어나 선진국처럼 널찍한 공간에서 저녁이 있는 생활을 즐기는 삶이 그야말로 자연스럽게 가능하지 않을까.

인구가 정 문제라면, 미혼 부모와 입양에 대한 인식 개선부터

저출산 현상이 나타나는 가장 큰 원인은 국가의 필요와 구성원의 필요가 일치하지 않아서다. 과거에는 누구에게나 출산이 중요했다. 사회가 가족 중심으로 돌아갔기 때문이다. 봉건시대에는 가족의 명맥을 잇는 것이 곧 자기 정체성과 명예를 유지하는 길이었다. 개발 시대에는 국가적으로나 개인적으로 가족의 역할이 컸다. 특히 한국에서는 가족이 복지 부문을 담당하지 않았는가. 정부와 가장이 경제개발에 열중하는 동안 양육과 교육, 노인 질병 치료와 요양 등 많은 부분을 가족이 부담했다. 부모에게 아이는 머지않아 닥칠 노후를 위탁할 대상이기도 했다. 이런 생각을 하는 사람이 지금도 적지 않고, 이들은 출산을 중요하게 여긴다.

하지만 요즘은 출산이 누구에게나 중요한 일은 아니다. 근대사회, 특히 한국이 채택한 민주주의 사회의 기본 단위는 가족이 아니라 개인이며, 그에 따라 필연적으로 사회에서 가족의 기능적 역할이 약화된다. 성공과 명예는 신분이 아니라 각자의 능력으로 달성해야 하고, 조직의 권위는 상위의 어떤 모호한 것이 아니라 '개인'에게서 나온다. 따라서 사회도 어느 가족 구성원의 하나가 아니라 개인으로서 활동할 것을 요구한다. 사회체제나 구조가 가족에서 개인 중심으로 바뀐 것이다. 경제 환경이 풍요로워지고 기술이 발달함에 따라 먹고사는 데 필요한 지원을 비롯해 물질적 실생활을 반드시 가족에게 의지하지 않아도 된다.

이런 개인 중심 사회에서는 '나', 이번 생의 내 삶이 가족보다 중요할 수밖에 없다. 아이가 현재나 미래의 내 삶에 실질적 도움이 되리란 기대가 없다면, 굳이 출산과 양육을 할 생각이 들지 않게 마련 아닐까. 이런 변화는 사회가 제대로 발전하는 신호 같아서 나는 오히려 희망적인 현상으로 보인다.

그래도 이 현상을 문제라고 본다면, 구시대적이고 배타적이고 폐쇄적인 '우리' 가족관을 바꾸는 게 효과적이지 않을까. 전통적인 우리 가족을 중요하게 여기는 사회에서 출생률이 높을 것 같지만, 통계에 따르면 오히려 가족이나 우리보다 '나'를 중요하게 여기는 개방적인 사회(프랑스, 스웨덴, 미국 등)의 출생률이 높다.[42] 이들 국가가 저출산 문제를 극복한 원인으로 흔히 출산 지원 같은 복지 서비스 측면을 강조한다. 그런데 산모의 출신 국가별로 보면 아시아 출신의 출생률이 가장 낮다.[43] 이를 보면 복지보다 문화가 큰 영향을 미치는 사실을 알 수 있다.

한 언론사가 인터뷰한 프랑스의 인구와 가족 문제 전문가는 북유럽과 프랑스의 출생률이 남유럽이나 동유럽보다 한 명 정도 높은 원인은 혼외 자녀를 비롯해 다양한 가족을 인정한 덕이라고 꼽는다.[44] 한국과 같이 '우리' 가족이라는 폐쇄적 소집단으로 똘똘 뭉친 보수적인 사회에서 선진국의 겉만 보고 무조건 세금을 보육에 쏟아붓거나 아이 낳는다고 돈을 주는 방법은 투입 대비 만족할 만한 효과를 얻기 어렵다는 얘기다. 출생률 제고에 효과가 전혀 없진 않겠지만, 비효율적인 방식 아닌가. 차라리 미혼 부모와 입양 지원을 중심으로 출산·보육 정책을 모색한다면 효과가 훨씬 좋을 것이다.

최근 저출산 대책에는 공공 임대주택 공급 대상에 비혼 부모 일부를 포함하고 양육비 지원금도 증액했지만, 구색 맞추기를 넘지 못하는 수준인 듯하다. 반면 무주택 신혼부부를 위한 특별 공급 확대 정책은 '정상 가족'에서 태어난 아이만 저출산 문제를 해결할 사회 구성원으로 보는 것 같아 씁쓸했다. 마치 조선 시대 양반이 순수 혈통에 목맸듯이, 정식 결혼한 이성 부부가 낳은 아이라야 '정상' 한국인 취급하겠다는 의도로 보인다고 할까. 이런 정책은 정책이라는 것이 사회 구성원의 긍정과 지지가 어느 정도 뒷받침돼야 추진할 수 있고, 역효과도 최소화할 수 있기 때문에 나타나는 것일 테다. 따라서 국가의 변화보다는 사회의 인식 변화가 선행돼야 한다고 생각한다.

한편 저출산 문제가 심각하다고 걱정하는 사람들도 한국의 신생아 수출에는 (그 우려의 크기에 비하면) 관심이 거의 없는 게 아이러니하다. 아이 없이 사는 우리 부부를 나무라면서도 아이 낳으라고만 하지, 입양해서 키우라는 잔소리는 나 역시 거의 듣지 못했다. 나를 진심으로 생각해주는 전 직장 상사 부부가 입양은 어떠냐고 조심스레 말한 적 있을 뿐이다. 1958~2015년 해외로 입양된 한국 아이가 전 세계 국제 입양 아동 가운데 3분의 1을 차지한다고 한다. 그 탓에 한국은 60년째 아동을 해외로 보내는 '최장기간 송출국'이라는 오명을 얻고 있다. 인구문제로 막대한 자금을 쏟아부으면서 입양 문제는 좀처럼 주요 이슈가 되지 않는다는 사실은 한국의 가족이 얼마나 폐쇄적이고 배타적인 집단인지 드러내는 것 아닐까.

육아정책연구소에서 발행한 자료[45]에 따르면 입양을 결정할 때 사회적 편견에 대한 우려가 가장 큰 비중을 차지하는데, 그 우려가 2012년 이후 증가하는 추세다. 입양 가정이 겪는 가장 큰 어려움 역시 주변의 오해를 꼽는다. 입양 사실 공개나 그로 인해 자녀가 겪을 혼란 등은 성장하면서 줄어들지만, 편견에 따른 어려움은 계속된다고 한다. '머리 검은 짐승은 거두는 게 아니다', '피는 물보다 진하다', '아이는 낳은 사람이 키우는 게 낫다'는 편견 때문일까. 하지만 입양 가정 중에 아이를 낳은 경험이 있는 사람은 오히려 혈연 중심 사고방식이나 '입양은 불임 가정에서 하는 것'이라는 편견이 없다고 한다.[46] 이들은 가족의 생물학적 의미가 크지 않다는 사실, 즉 그런 편견이 정말 시대착오적 미신임을 아는 것이다.

자기 자궁을 통해 얻은 아이와 가슴으로 얻은 두 아이를 키우는 배우 신애라는 어느 인터뷰에서 둘째를 얻고 나서 그 입양 단체를 찾아간 얘기를 했다. 자기 아이 빼고 다른 아이가 전부 해외나 다른 시설로 보내졌다는 소식을 듣고 사뭇 충격을 받았다고 한다. 그 뒤 후원하는 31명 모두 직접 키우는 세 아이와 똑같이 자신과 한 가족이라는 생각이 커졌다고 밝힌다. 그녀는 덧붙였다. "어느 날, 둘째 아이가 가족 그림을 그리는데 일하는 아주머니도 그리더라고요. 가족이란 그런 것 같아요. 언제나 기도할 때 그 사람을 위해 기도한다면 모두 가족이겠죠."

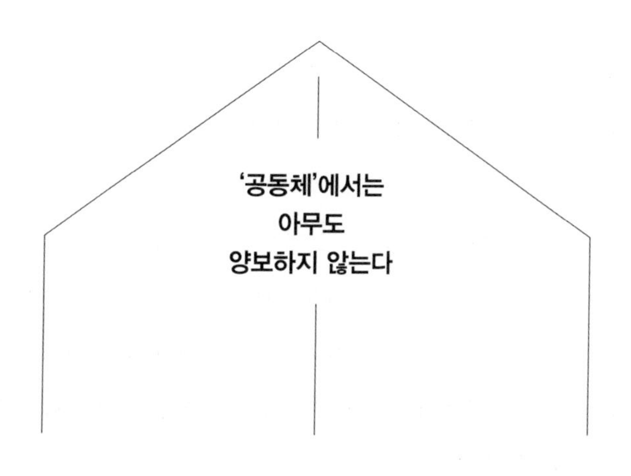

'공동체'에서는 아무도 양보하지 않는다

어느 일간지에서 연재하는 교육 관련 게시물에 유대인의 교육법 '하브루타'[47]를 소개했다. 아파트 복도에 자녀의 자전거가 놓인 상황을 예로 들었다. 한국의 부모는 대부분 아이에게 자전거를 아파트 복도에 두지 말라고 했는데 아직도 그대로 있다고 다짜고짜 다그치듯 나무란다면서 하브루타와 비교했다. 하지만 요즘은 한국에도 하브루타 방식과 비슷하게, 질문하는 태도로 자녀와 대화하려는 부모가 적지 않은 듯하다. 기사 내용을 보면서 하브루타와 한국 부모가 근본적으로 다른 부분은 몇 가지 질문을 더 하느냐 아니냐에 있지 않을까 싶었다.

부모 복도에 자전거를 두면 다른 사람이 어떻게 될까?

자녀 지나다니기 불편하겠죠.

부모 지나가다 (자전거에) 부딪히면 어떻게 되지?

자녀 아프거나 다칠 수도 있어요.

부모 그럼 자전거를 어떻게 하는 게 좋을까?

한국 부모는 대개 이런 식으로 대화를 이끌어간다. 이런 대화는 내 자전거를 치우는 이유가 다른 사람이 다치지 않도록 하려는 데 있다는 느낌이 든다. 지나다니는 사람에게 피해를 주지 않도록 '배려'하기 위해 자전거를 복도에 두는 내 편의를 '양보'해야 하는 것이다. 제대로 된 하브루타 대화는 "자전거를 어떻게 하는 게 좋을까?"라고 묻기 전에 한 번 더 묻는다.

자녀 아프거나 다칠 수도 있어요.

부모 (사람들이 지나다니다가 자전거에 부딪히면) 자전거는 어떻게 되고?

자녀 넘어져서 망가지겠죠.

부모 그럼 자전거를 어떻게 하는 게 좋을까?

이런 대화 끝에 자전거를 옮기면 그 행동은 '양보'가 아니다. 복도에 지나다니는 사람에게 피해를 주지 않도록 '배려'하는 게 아니라 내 자전거가 망가지는 일이 없도록, 즉 '나'를 위한 일이 된다. 그러면 자전거를 복도보다 두기 불편한 곳으로 옮길 때 혹여 생길 수 있는 불만이 없다. 다른 사람들이 자전거를 복도에서 치운 내 행동을 몰라줘도 서운하지 않다. 그 일의 첫 번째 수혜자는 나이며, 다른 사람에게 불편을 주지 않는 건 그에 파생되는 부차적인 일이기 때문이다.

과거에는 서구에서도 순종, 어른 공경, 공손, 양보, 예의 바름, 자발적으로 심부름하는 태도 등을 바람직하게 여겼다.[48] 이런 태도를 취하도록 훈련하고 꾸짖는 것이 훌륭한 부모의 양육이고, 이런 태도를 갖춘 아이가 바람직하다고 여겼다. 근대 이후 바람직한 자녀의 모습은 잘 먹고 잘 자는 건강한 아이, 즉 자기 몸을 스스로 챙기는 아이, 행복과 자기만족을 누리면서 명랑하게 지내는 아이, 질문하고 자기를 표현하며 자기 주도권을 유지하는 아이로 바뀌었고, 부모는 아이가 이런 모습을 보일 때 더 칭찬하고 흐뭇한 시선을 보낸다고 한다. 가치 기준이 타인에서 자신으로 바뀐 것이다.

한국 사회는 남을 위하는 마음과 동기, 태도를 희생적이고 착한(좋은) 것으로 칭송하며 강조하는 분위기다. 하지만 어떤 일에서 긍정적 효과가 파생한다면, 그 첫 번째 수혜자는 언제나 그 일을 한 사람이다. 오늘날 가장 널리 퍼진 고전적 믿음인 자식을 향한 부모의 지원도 그렇다. 단순한 상황을 예로 들면 맛있는 음식을 양보하는 모습이다. 내가 좋아하는 음식을 자식도 좋아하고 먹고 싶어 하면 늘 자식에게 양보한다. 그것이 단지 자식을 위한 일일까? 그 의도와 행동의 종착지는 자식이지만, 자식이 어느 정도 만족하든 그 행동에서 가장 먼저 만족을 느끼는 사람은 부모 자신이다. 그 행동의 주체라는 측면에서 보면 자식의 만족보다 클 테다.

자식은 어찌 보면 자발적으로 내 것을 나누는 기쁨, 만족 등을 느낄 수 있도록 계기를 제공해주는 사람이다. 나는 자라면서 엄마한테 "다 너를 위해서 그러는 거야"라는 말을 자주 들었다. 그럴 때마다 생각했다. '그게 왜 나를 위한 거야, 엄마를 위한 거지…….'

부모와 자식 관계를 유지하는 매개는 사랑 같은 친밀한 감정과 더불어 부모의 보살핌, 자식의 효도 같은 윤리와 도덕이다. 나는 보상incentive의 측면도 무시할 수 없다고 생각한다. 가문이 자신의 사회적 위치와 영향력 등 삶에 중요한 역할을 하고, 나아가 자기 정체성을 가문에 두던 시대에 자식은 가문을 이어 부모의 육체적 죽음과 상관없이 자기 존재를 지속하게 만들어주는 사람이다. 자식에게 부모는 그 자체로 중요한 존재임은 말할 것도 없다. 더욱이 조선 시대에는 효도를 하나의 제도로 만들어 효심을 보이는 이에게 조세와 부역 면제 등 실질적 이득까지 부여했다.

《삼국유사》 손순 매아 설화에 나오는 손순이 자식은 또 낳으면 된다면서 노모의 음식을 버릇없이 빼앗아 먹는 자식을 땅에 묻어 죽이려고 하다가 임금이 그 효심을 칭찬한 덕에 가난에서 벗어났고, 아비의 눈을 뜨게 하려고 인당수에서 스스로 목숨을 끊으려 한 심청은 왕후가 되지 않았는가. 이런 이야기는 힘없고 늙은 존재를 극진히 배려하고 자신을 양보한 태도에 대한 보상을 빗댄 은유다.

이렇게 부모를 위해서라면 목숨도 내놓을 수 있어야 한다는 자식의 '희생'적 효도는 시대에 따라 변했다. 신분이 해체되면서 사회적 성공의 문이 모두에게 활짝 열리자, 자식의 잠재적 유용성이 압도적으로 커졌다. 부모는 자식에게 지나칠 정도로 투자하고, 그 부담은 자식을 위해서라면 목숨도 내놓을 수 있다는 '희생'적 양육으로 변질됐다. "내가 누구 때문에 이러는데(이렇게 사는데), 다 너 잘되라고 이러는 거 아니니?!" 누구나 한번쯤 들어보거나 해본 말 아닌가.

친구들을 만나면 초등학생 자녀를 둔 엄마들의 고민이 결코 간단한 문제가 아니란 걸 종종 느낀다. 교육 부담이 지나치게 크다 보니 요즘 엄마 가운데는 일찌감치 자녀에게서 공부 싹수가 있다 싶어야 사교육을 비롯해 교육에 투자하는 전략을 취하는 사람도 있는 모양이다. 그 투자가 성공하려면 중·고등학교 다니는 적지 않은 기간 동안, 긴 공부 시간과 엄청난 학습량을 감당할 만한 아이의 자질이 필수이기 때문이다. 공부 싹수가 보이지 않으면 차라리 지금부터 나중에 적당히 학원을 차릴 만한 예체능 기술을 갖추는 데 주력하거나, 사교육에 들어갈 비용을 저축해서 작은 가게라도 차려줄 밑천을 마련한다는 것이다. 거기에 자녀의 결혼 비용도 어느 정도 준비해야 하고, 부부의 노후 준비도 신경 써야 하는 처지다. 친구들 얘기를 듣고 있으면 어느 학교를 보내고 어떻게 지원해야 할지 결정하는 게 보통 어려운 일이 아니며, 부모의 어깨가 얼마나 무거울지 가늠이 되고도 남는다.

'아, 나는 아이가 없어서 얼마나 다행인가!' 남편의 항암 치료 전에 아이를 갖지 못할 상황을 각오해야 했을 때는 부부 생활과 내 인생 전부가 절벽 끝으로 내몰리듯 두렵고 서러웠는데, 요즘은 그게 어쩌면 행운이었을지도 모른다는 생각이 들 정도다. 상황이 이러니, 자식 입장에서 이제 효도는 부모의 희생에 보답하는 일종의 채무와 비슷하다 해도 과언이라고 치부할 수 없지 않을까. 더욱이 부모에게 자식의 잠재적 효용성이 갈수록 급격히 낮아지는 흐름이다. 자식에게 투입하는 비용은 기하급수적으로 커지는데, 아동의 인권 의식과 개인주의 가치관이 심화되면서 양육으로 부모가 얻던 물질적·심리적 보상은 급속도로 작아진다.

한 친구는 말했다. 자기가 지금 이렇게 아이 교육에 신경을 많이 쓰는 건 나중에 (자립할 만한 직장을 구하지 못하는) 자식 때문에 부담 갖고 싶지 않아서라고. 아이에게서 부모가 얻을 보상은 이제 사회적 지위 상승이나 경제적 혜택 따위는커녕, 그저 본인 혼자 살아갈 만큼 자리를 잡는 것뿐이다. 이런 변화 때문에 부모의 '희생'은 상대적으로 더 커지고, 그에 따라 효도에 대한 자식의 심리적 채무감도 커진다고 보는 것이다.

이런 상황에서 부모이기 때문에 자식에게 희생해야 한다는 마음가짐은 점점 부모와 자식을 옥죄는 타율적 윤리로 전락하기 십상이다. 나는 자녀가 갖춰야 할 태도의 가치 기준이 타인에서 '나'로 바뀌었듯이, 부모가 갖춰야 할 태도 역시 자녀에서 '나'로 바뀌어야 한다고 본다. 자녀가 잘되는 건 자녀의 몫이고, (자녀 뒷바라지에 마음을 온통 쓰더라도) 내가 이렇게 사는 건 자녀가 잘되기 위해서라기보다 '나'를 위해서, 즉 자신의 내적 성장을 위해서라는 시각을 우선해야 한다는 얘기다.

한 인간이 스스로 판단하고 자기 삶에 책임질 능력을 갖추기까지 그의 삶에 참여하는 일은 양육자 자신에 대한 성찰을 요구하고, 끊임없이 올라오는 에고(이기심)를 다스리는 힘이 필요하다. 앞서 상담사가 내게 "자식은 스스로 자라고, 아이를 키우면서 나 자신이 내적으로 성장하는 것 같다"고 한 말이 이런 의미일 테다. 결혼해야 어른이 된다는 옛말도 이런 뜻일 테고.

양보와 배려의 첫 번째 대상은 나 자신

대중교통에서 지켜야 할 태도를 흔히 공중도덕이라고 부른다. 지키지 않으면 어떤 처벌을 받는 규칙이 아니라 '도덕'인 까닭은 그런 태도가 타인 이전에 자기 자신을 위하는 것이기 때문이라고 생각한다. 나는 지하철을 탈 때 배낭뿐만 아니라 어깨에 멘 가방도 손으로 드는데, 그건 다른 사람이 아니라 나를 위해서다. 등이든 어깨든 가방을 메면 지나가는 사람이나 옆에 있는 사람이 자꾸 가방을 치는데, 그때마다 온몸에 소름이 끼칠 정도로 짜증이 난다. 가방을 손에 들어 다리 쪽에 놓으면 덜하다. 지나가는 사람이나 옆에 있는 사람이 나를 쳐도 가방으로 전해지는 느낌보다 신경을 훨씬 덜 건드린다. 내가 지하철이나 버스에서 가방을 손으로 드는 건 첫째 나를 위해서다. 그것이 공중도덕에 부합하는 태도라면, 그 부수적 효과가 다른 사람에게 전달되는 것일 테다.

지하철이나 버스, 공원 같은 곳에서 큰 소리로 말하지 않는 첫째 이유도 이와 같다. 타인을 방해하는 소음을 내지 않기 전에 내 사생활을 보호하고 싶어서, 비록 다시 안 볼 사람이라도 다른 사람이 내 말을 듣는 게 싫어서다. 속옷을 입고 돌아다니지 않는 첫째 이유가 남을 위해서가 아니라 내 몸을 보호하기 위해서 아닌가. 심지어 다른 사람에게 잘 보이고 싶어서 입는 옷도 일단 자기 마음에 들지 않으면 좀처럼 입지 않는다. 남에게 덜 멋지게 보여도 자기만족이 우선이다.

중국에서는 덥다고 속옷도 입지 않은 맨몸, 웃통을 드러내는 남자가 종종 있다. 아무리 보기 민망해도 자기가 보호해야 할 몸을 노출하겠다면 누가 뭐라 할 수 없는 일이다. 자기에 대한 정보나 인격, 신체의 보호와 권한, 책임은 전적으로 자신에게 있기 때문이다. 따라서 자기 몸을 드러내는 건 타인의 불편에 앞서 존중받아야 하고, 그에 따른 불상사 역시 당사자가 감수해야 한다. 이렇게 도덕은 타인이 아니라 자신을 배려하기 위한 덕목이라고 생각한다. 타인에게 도덕으로 강요하거나 도덕으로 타인을 구속할 수 없는 것도 이 때문이 아닐까.

얼마 전에 우연히 공익광고를 봤다. 문을 열고 앞서 나간 사람이 문을 붙잡지 않아 뒤에 오던 사람이 문에 끼였다. 그러자 앞사람을 원망하는 눈빛으로 보고, 그때 '배려'하자는 성우의 목소리가 깔렸다. 뒤따라오다가 문에 낀 사람은 한 손에 커피를, 다른 손에 휴대전화를 들었다. 나는 그 광고가 배려를 강요하는 것처럼 느껴졌다. 일단 앞사람이 문을 잡아주지 않은 게 고의는 아니었다. 휴대전화로 통화하면서 걷느라 뒷사람을 보지 못했고, 통화에 정신 팔려 있었기 때문이다. 그렇지 않았다면 문을 열고 기다려주는 배려를 했을 가능성도 무시할 수 없지 않은가. 매체에서 한두 가지 선택해서 보여주는 경우와 달리 현실에서 한국인의 배려 수준이 그토록 낮은가. 한국인이 공익광고로 강조할 만큼 배려와 양보의 중요성을 모를까.

배려나 양보를 강요하듯 강조하는 걸 불편하게 느끼는 가장 큰 이유는 시선의 중심을 나 아닌 외부로 돌리는 습성을 강화해서다. 안 그래도 나 자신보다 타인의 시선에 민감한 게 한국인 아닌가. 사람 많은 지하철에서도 죽어라 가방을 메고 있는 건 본인이 불편하지 않아서일 테다. 지나가는 사람이나 옆에 있는 사람이 툭툭 쳐도 '그게 뭐 거슬려, 난 아무렇지 않아'라고 여기면 좀처럼 가방을 앞으로 메거나 내려놓을 생각이 들지 않게 마련이다.

왜 그게 불편하지 않을까. 관심이, 정신이 자신보다 외부에 가 있기 때문이다. 재미있는 책이나 동영상을 보면 웬만한 소동이 있지 않은 한, 주위에서 무슨 일이 일어나는지 잘 모른다. 재미있는 장면에 정신 팔려서 역 이름을 알려주는 안내 방송이 나와도 못 듣고 내려야 할 역을 지나치는 일도 있다. 길거리를 가거나 일을 하거나 집에서 사소한 일을 할 때도 인간의 정신, 관심은 '나'

를 떠난다. 하물며 여러 사람이 있는 곳에선 오죽하랴. 그래서 인간은 평소에 자신을 배려하기가 쉽지 않고, 사람 많은 곳에선 더 그렇다.

이때 자신(내면의 느낌, 욕구)에게 시선을 조금만 옮기면 자신을 배려하고, 그것은 자연히 타인에 대한 배려로 이어질 가능성이 크다. 자신을 제대로 배려하고 챙길 줄 안다면 타인의 배려가 필요한 경우도 감소할 것이다. 자신에 대한 관심보다 타인을 우선하는 태도를 자꾸 강조하고 훈련하면 겉으로 그런 척하는 수준에 그치기 쉽다. 무엇보다 자신이 배려하지 않는 자신에 대한 배려는 다른 사람이 해주길 바란다. 하지만 다른 사람이 내가 필요로 할 때 내가 원하는 대로 나를 배려해주기란 쉽지 않고, 자연히 나는 점점 그런 타인을 매너 없고 배려심 없다고 탓하고 원망하지 않겠나. 그 공익광고처럼.

배려나 양보는 인간이 갖춰야 할 덕목이다. 그러나 배려하고 양보해야 할 첫 번째 대상은 자신이라고 생각한다. 자신을 먼저 배려하고, 자기 에고는 자기 내면의 진짜 욕구에게 양보하는 일이야말로 강요하듯 강조해야 할 일이 아닐까. 타인에 대한 무심함은 대개 자신을 소외하는 데서 비롯하지, 자신을 잘 챙기고 사랑하는 사람은 타인에게 좀처럼 무례할 수가 없기 때문이다.

배려보다 중요한 건 자기 의사 표현 능력

몇 해 전부터 친정에서는 명절 음식을 간단하게 해 먹기 시작했는데, 역대급 힘들었던 적이 있다. 나와 엄마 그리고 올케 사이 의사소통이 원활치 않은 탓이었다. 엄마와 나는 명절에 뭘 해 먹을까 의논했다. 갈비찜과 만두를 만들기로 했다. 갈비찜은 한창 크는 조카들을 위해서, 만두는 내가 좋아해서 하자고 했다. 엄마는 녹두전도 언급했지만, 내가 녹두전은 다음에 하자고 하니 알겠다고 했다. 그런데 올케와 통화하더니 부침개도 해야겠다고 말을 바꿨다. 없어서 그렇지 있으면 조카들도 잘 먹는다고 올케가 말했다고 한다.

엄마는 손이 상당히 크다. 엄마 지시에 따라 이리저리 움직이다 보니 나도 모르게 아이고 소리가 터져 나오기 시작했다. 내가 슬며시 올케 탓을 했다. 나는 만두만 하자고 했다고, 올케가 부침개도 했으면 한 거 아니냐고. 올케와 동생은 억울해했다. 동생이 하소연했다. 이 사람은 엄마가 하자면 그냥 다 한다고 하지, 하고 싶어서 한 게 아니라고. 나도 놀랐다. 그렇다면 우리는 왜 이 고생을 하는 것인가.

범인은 엄마인 모양이었다. 우리가 추측한 사건의 전말은 이렇다. 엄마가 나 그게 먹고 싶으니 하자고 말하지 않고, 은근히 엄마의 바람을 올케에게 하는 말에 실어 상황을 만든 것 아닌가 싶었다. 그러고 보니 엄마들은 간절하지 않은 이상 좀처럼 먹는 거라든지 뭐든 "나 이거 하고 싶어"라고 잘 말하지 않는 것 같다. "너희가 원하는 거 해"라고 하면서 말이 아니라 뉘앙스나 태도 등 다른 식으로 에둘러 의사 표현을 한다. 우리는 그 뜻을 잘 알아채야 하고.

한편 명절 당일엔 아침 일찍 시댁에 갔다. 동서네는 사정이 있어 오후에나 올 수 있다고 했다. 대신 전날, 동서는 직장 일 때문에 오지 못하고 시동생이 딸과 함께 시댁에서 지냈다. 남편과 나는 아침을 먹고 어머니와 전을 부쳤다. 명절 인사를 하려는 부모님 지인과 친지에게서 전화가 오기 시작했다. 그런데 전화벨 소리만 울리면 어머니가 둘째 아들인가 보다며 찾았다. 몇 번을 그러니, 전 부치던 큰아들이 말했다. "올 때 되면 오겠지 뭘 그렇게 기다리셔……." 정오쯤 됐을 때 또 벨이 울렸다. 드디어 둘째 아들이었다. 지금 거의 다 왔다고 하는 모양이었다. 어머니가 연신 대꾸했다. "안 와도 된다니까……. 어제 그렇게 얘기했잖아, 안 와도 된다고. 뭐 하러 와…… 오지 마, 안 와도 돼." 가만히 전을 부치던 큰아들이 장난스럽게 말했다. "아니, 왜 맘에도 없는 말을 하셔…… 그러다 진짜 안 오면 서운해서 어쩌려고……."

미국의 문화인류학자 에드워드 홀에 따르면,[49] 어머니들의 이런 화법은 전형적인 고맥락 문화의 의사소통 방식이다. 고맥락 문화란 사람들이 서로 깊이 개입돼서 상대에 대한 정보를 광범위하게 공유하는 상태를 의미한다. 그러다 보니 고맥락 문화의 사람들은 자신이 하려는 말을 상대가 알고 있다고 넘겨짚고, 말의 핵심을 구체적으로 언급할 필요를 느끼지 않는다. 홀은 에둘러 모호하게 표현된 말이라도 그 의도와 의미를 아는 건 듣는 사람의 몫이라고 설명한다. 이런 방식이라면 의사 전달은 사용하는 언어의 의미가 아니라 화자의 성격이나 성향, 지위, 상황의 맥락 등을 통해서 전달될 테다. 화자가 사용하는 언어에는 최소한의 정보만 담겨 있고, 언어는 의사 전달의 직접적 수단이 아니라 맥락을 전달하기 위한 간접 수단에 지나지 않는다.

홀은 고맥락 문화에서 no는 yes를 의미하는 경우가 많다고 지적한다. 명절 당일 안 와도 된다고 말하는 시어머니의 태도가 그러하고, 선물 받을 땐 세 번 사양하는 게 예의라는 한국의 전통 관습도 대표적일 것이다. 《갈등 해결과 한국 사회》를 쓴 정주진은 한국인이 간접적이고 우회적인 방법으로 자기 의사를 표현하는 건 자기 체면을 세우고 상대도 배려할 수 있는 방법이라고 여기기 때문이라고 지적한다. 마치 자식을 배려해야 하는 입장인 엄마가 당신의 선호를 직접 말하지 않고 음식 준비 상황을 통해 드러낸 것처럼.

어머니 세대는 자기 의사를 확실히 표현하는 태도를 지양하고, 에둘러 표현하는 걸 지향하는 분위기에서 자랐다. 더군다나 뭐든 자식에게 양보하고 희생하는 걸 미덕으로 여긴 부모 위치에서 "나는 ○○가 좋다"고 자식에게 당신의 선호를 확실히 드러내는 건 부모답지 못한 태도라고 생각했다. 옛날 식으로 보면 그 뜻을 잘 알아채는 자식이 부모 맘을 헤아리는 효자, 효부일 테다. 그 모습이 회사나 어떤 조직 등을 배경으로 나타난다면 싹싹하게 사회생활 잘하는 사람으로 여겨지는 것이고.

그러나 그런 태도는 자식이나 부하 직원 입장에서 종종 곤혹스럽다. 아랫사람을 배려해주려는 본인들의 의도와 달리, 오히려 아랫사람이 눈치를 보게 만든다. 의사 표현이 간접적이고 모호한 경우가 많고, 내용은 말하고자 하는 바를 직접 언급하지 않는 경향이 크다 보니, 말의 의도와 뜻을 제대로 파악하려면 눈치를 동원하지 않을 수 없다. 그렇게 때려 맞히자니 잘못 이해하는 경우가 생기게 마련이다. 그러다 보면 의미와 논의가 산으로 가서 불필요한 소모전이나 비용을 치러야 하는 경우도 많아질 테고. 대화가 서로에 대한 이해를 돕는 수단이 아니라 오히려 갈등의 골을 깊게 만드는 것이다.

굳이 자기 의사를 명확하게 밝히지 않더라도 '엄마가 하라는 대로 그냥 해드리면 되지, 명절이니까 무조건 가면 되지!'라고 여길 수 있다. 그게 한국의 일반적인 문화다. 왜 하는지 모르지만 윗사람이 시키니까, 해야 하는 일이니까 무조건 하는 것이다. 그러나 무조건 하는 것과 상대의 선호를 알고 하는 건 전혀 다르다. 이는 자율과 타율의 문제이기 때문이다. 이 일을 왜 하는지 모르는 채 그냥 그렇게 해야 하니까 혹은 누가 시켜서 하는 것은 내 의지보다 타인의 의지를 따르는 타율적인 모습이다. 참여자 각자가 자기 선호와 의사를 밝히고 그에 관한 논의와 합의를 거치면, 타인보다 내 의지에 따른 자율적인 일이 된다. 그러면 일하는 과정에서 힘들고 불만스러운 상황이 생겨도 쉽게 남 탓으로 마음이 기울지 않고, 자연히 만족감도 커지지 않을까.

물론 아랫사람도 자기 의사 표시를 꺼리기는 마찬가지다. 갓 결혼했을 때 시어머니가 내게 당부했다. 혹시 당신이 내 마음을 상하게 하는 부분이 있으면 얘기하라고. 당신이 내게 잘해준다고 하는데도 나는 불편하게 느껴지는 게 있을 수 있다고. 그걸 얘기하지 않으면 아무리 마음을 써도 상대가 알 수 없다고. 하지만 나는 아직 그런 얘기를 한 적 없다. 어머니가 따로 말씀해줬는데도 막상 어머니의 어떤 말이나 행동이 불편하다고 하면 어머니가 오해하고 혹여 언짢아 하면 어떡하나 하는 두려움이 앞선다. 그저 어머니가 알아서 나를 배려해주길 바랄 뿐이다. 나 역시 내 선호나 의사 표시를 하지 못하는 것이다. 회사나 조직에서도 비슷할 테다. 좋은 상사, 바람직한 리더의 모습이란, 따지고 보면 부하 직원 입장을 '알아서' 이해하고 배려해주는 태도에 달린 것 아닌가.

한국 사회에서 타인에 대한 배려와 이해, 공감은 필수 불가결한 태도인지도 모른다. 서로 자기 선호와 의사를 밝히지 않은 상태에 상대가 알아서 배려해줘야 하기 때문이다. "말하지 않아도 알아요~"라는 노랫말이 의미하듯이 당사자의 명확한 표시가 아니라 그가 처한 주변 상황이나 입장, 성격이나 성향 등을 통해 짐작하거나 그가 어떤 말을 했어도 그 말의 의도와 진의를 추측해야 하니, 타인에 대한 공감과 이해가 중요할 수밖에 없다. 그런데 그것이 넘겨짚기 식이다 보니, 나름대로 배려한다고 해도 상대가 원하는 바가 아닐 수 있다. 서로 불만이 커지고, 공감과 배려를 강조하는 악순환을 낳는 것인지도 모른다.

고맥락 의사소통 방식은 주로 집단주의 성향이 있는 사회에서 나타나는 특징이라고 한다. 집단에서의 위치와 역할로 상대를 파악 하다 보니 어떤 말을 하거나 들을 때 그 말의 의미보다는 그의 상황이나 위치, 그에 따른 맥락 등을 중요시하는 것이다. 반면 역할이나 지위가 아니라 그 사람 자체로 파악하는 경향이 큰 개인주의 사회에서는 의사소통이 주로 저맥락으로 이뤄진다고 한다. 어떤 언어적 표현은 그 안에 말하고자 하는 의도와 정보가 대부분 있으며, 말로 표현되지 않은 상황이나 맥락은 거의 들어 있지 않다는 것이다. 어떤 말이 대개 그 말의 의미와 의도 그대로라면, 그에 대한 이해가 왜곡될 가능성이 적다. 서로 무엇을 원하는지 명확하게 알면 배려하기 수월하고, 배려 받는 사람의 만족도도 커질 테다. 현재 한국인에게는 타인에 대한 이해와 공감 능력보다 자기 의사와 선호를 명확히 표현할 줄 아는 태도가 필요하지 않을까.

애덤 스미스의 이익 추구는 이기주의가 아니라 연대를 위한 개인주의

한국에서 '착한' 태도는 사람들이 높이 평가하는 바람직한 가치다. 오죽하면 태도나 인성이 아니라 외모, 나아가 물건이나 서비스에도 그 가치를 부여할까. 한때 '착한 가격'이란 표현이 유행한 것처럼. '착하다'의 사전적 뜻은 '언행이나 마음씨가 곱고 바르며 상냥하다'이고, 영어로 하면 good, nice, kind 정도다. 그런데 착한 가격이란 단어가 품질이나 양에 비해 현저히 낮은 가격을 의미하듯, 실제 사용되는 착하다는 손해를 감수하고라도 상대의 이익을 우선하는 느낌을 포함한다. 외모도 착하다라는 단어로 표현했다. 착한 외모가 잘생기거나 군살 없이 탄력 있고 균형 잡힌 몸을 지칭한 점에 비추면, 이때 착하다는 상대의 마음을 거스름 없이 만족시키는 느낌이다.

나는 이런 언어 사용이 전자는 양보와 배려, 후자는 순종과 복종의 태도와 상통하는 면이 적지 않다고 생각한다. 어떤 사람이나 상태를 착하다고 말하는 사람은 대개 그에게서 이익을 얻는 수혜자다. 손해 본 사람이 뭔가를 착하다고 지칭하는 경우는 거의 없다. 마찬가지로 서열이 높거나 나이 많은 사람이 아랫사람에게 착하다고 하지, 아랫사람이 윗사람에게 직접 착하다고 말하는 경우는 드물다.

한국인이 양보와 배려, 희생을 쉽게 바람직한 가치로 보는 이유는 그것이 아무 대가 없이 나타나는 태도라고 여기기 때문이 아닐까 하는 생각도 종종 든다. 그래서인지 기득권의 솔선수범을 요구할 때 '노블레스 오블리주'라는 단어를 사용한다. 노블레스 오블리주는 기득권의 의무를 뜻하는데, 그 성격이 도덕적인 만큼 자발적인 배려와 양보, 나아가 희생을 내포한다. 이는 초기 로마에서 고위층이 도시에 건물과 도로, 공공시설 등을 기부·헌납하고 위험한 전쟁에 참여하던 관례에서 유래한 단어로, 19세기 초 프랑스 정치가가 처음 사용했다고 알려졌다. 당시 어수선한 프랑스 사회에서 상류층의 역할을 강조하기 위해 고대 로마 귀족층의 모습을 빗댄 말일 테다. 이후 기득권층의 솔선수범을 요구할 때 애용하는 단어가 됐다.

그런데 고대 로마의 고위층은 현대인이 기대하듯 아무 대가 없이 솔선수범하지 않았다. 당시 고위층이 정계에 진출하려면 자기가 소유한 도시가 있어야 했다. 소유한 도시가 많을수록, 그 도시 사람들이 자신에게 환호할수록 정치권에서 행사할 영향력도 커졌다.[50] 전쟁에 참여하는 것도 마찬가지였다. 전쟁 중 적에게서 획득하는 물품도 중요하지만, 어떤 지역을 관할하거나 권리를 행사하려면 직접 참전해야 했다. 시사상식사전에 노블레스 오블리주는 '정당하게 대접받기 위해서는 명예만큼 의무를 다해야 한다는 것'이라고 나온다. 즉 명예만큼 의무를 수행한 대가는 그에 상응하는 대접이다.

그 대가는 고대 로마 시대나 또 19세기 프랑스에서도 기득권에 대한 순종과 복종이 기본이었다. 신분제 사회는 강자는 약자의 순종과 복종에 의존하고, 약자는 강자의 양보와 희생, 배려에 의존하는 방식으로 유지했기 때문이다. 신분처럼 태생적으로 우열이 가려지는 체제에서 사회가 유지되려면 우월한 사람이 열등한 사람을 보살피고, 열등한 사람은 우월한 사람을 충실하게 따라야 한다. 영주는 자기 영토의 사람들을 보살펴야 하고, 그 안에 사는 사람들은 영주에게 충성해야 한다. 피차 그렇게 의존해야 살아갈 수 있다.

생활하는 데 중요한 기술이 있는 수공업자, 장인 등 제조업자는 그런 기술이 없어서 도구를 만들지 못하는 사람에게 봉사하고 그들을 배려하는 (일종의 '착한 가격'을 제공하는 태도와 비슷한) 마음을 바람직한 모습으로 요구받았다. 수공업자나 장인 등 제조업과 기타 상거래에서 이익을 추구하는 건 부도덕하고 비난받을 태도였다.[51] 양보와 배려, 순종을 미덕으로 삼았고, 특히 직업인은 자기 실속을 차리기보다 공동체를 위해 희생하고 헌신해야 바람직하고 가치 있는 삶이라고 여기는 분위기였다. 이런 분위기에서 자기 이득을 취하려는 태도는 공동체를 유지하는 데 위협으로 여겨지게 마련이다.

상황이 이러니 사회 구성원이 자기 이익을 추구할 때 그 사회의 부를 가장 증진할 수 있다는 애덤 스미스의 주장은 센세이셔널하지 않았을까? 1776년 《국부론》이 출간됐을 때, 사람들은 애덤 스미스가 이기심을 미화해서 고무한다고 비난했다.[52] '자기 이익 추구'를 이기심이라고 여겼기 때문이다. 서로 의존하지 않으면 삶을 유지할 수 없는 사회에는 '자립'이라는 개념이 없다. 자립은 혼자 잘 살겠다는 태도로 인식되고, 바람직한 경제 동력을 '자기 이익 추구'로 꼽은 스미스의 주장은 이기심을 미화한 것으로 들릴 수밖에 없었다.

스미스의 자기 이익 추구는 이기주의가 아니라 개인주의를 의미한다. '개인'은 그저 개별적 존재를 의미하는 개체가 아니다. 삶에서 자기 의지를 구현하고 책임질, 즉 자립할 능력이 있는 사람이다. 자립이란 자기 욕구를 해결하고 그에 책임지는 상태다. 누군가 도와줄 때까지 기다려야 하거나 어떤 우월한 사람의 관심이나 선의, 동정이 있어야 자기 의지를 구현할 수 있는 상태가 아니다. 극단적으로 비유하면 어린아이와 어른이다. 배고플 때 누군가 먹을 것을 줘야 하는 아이가 봉건사회의 모습이라면, 스스로 음식을 찾아 먹는 어른이 바로 '개인'이다. 그렇게 자신을 챙길 때 타인도 도울 수 있다. 비행기에서 비상시 대처법을 알려줄 때, 자기 산소마스크부터 쓰고 옆에 앉은 아이나 노인에게 마스크를 씌워주라고 강조하는 것은 이 때문이다.

개인주의를 의도한 애덤 스미스가 지향하는 바는 사회적 동물인 인간이 '개인'으로서 연대하는 모습이다. 이는 그의 노동 분업 주장에서 발견할 수 있다. 혼자 완제품을 만드는 게 아니라 여럿이 역할을 나눠서 제품을 완성하는 분업 생산은 결국 서로 의지해야 살아갈 수 있는 상태로 돌아가는 방식이다. 의지는 의존과 다르다. 애초부터 누군가가 없으면 일어서지 못하는 상태, 누군가의 선의가 있어야 자기 욕구를 해결할 수 있어 서로 의존하는 상태는 그 관계가 평등하지 않다. 보살핌을 받아야 하는 자의 문제 해결은 보살피는 자의 관심과 배려, 양보에 달렸다. 보살피는 자의 삶 역시 상대의 복종과 순종, 충성에 달렸다.

반면 모두가 스스로 자기실현을 할 의지와 책임이 있는 상태는 평등한 관계다. 각자 자기 능력과 의지에 따라 역할을 맡고, 그에 대한 책임을 다하면 된다. 이런 사람이 개인이고, 개인이 협력하는 상태가 연대다. 이렇게 연대로 형성한 것이 공동체다. 따라서 연대와 공동체는 그저 집단 속 개별적 존재인 상태에서 이룰 수 있는 개념이 아니다. 스스로 서지 못하는 사람들이 제아무리 협력한들 서로에 대한 의존만 견고해질 뿐이다. 연대는 자기 이익을 챙겨 다른 이에게 의존하지 않아도 살아갈 수 있는 개인의 것이다. 애덤 스미스의 자기 이익 추구와 분업 생산은 태생적으로 서열이 정해져 불평등이 당연한 당시 사회질서를 거스르는 의미도 있었다. 바로 개인주의다.

한국에서 장애인 인권이 잘 개선되지 않는 이유

카페에 들어가 자리를 잡았다. 안을 둘러보는데 흰색 물체가 다가왔다. 쓱 다가오는 모습이 언뜻 소복을 입은 다리 없는 귀신인 줄 알았다. 주문 받으러 온 로봇이었다. "안녕하세요. 방문해주셔서 감사합니다. 주문 받겠습니다." 따뜻한 커피를 마시고 싶다고 하자, "알겠습니다. 오늘 첫 손님이시네요. 잘 부탁드립니다"라고 답한다. 얼마 뒤 로봇이 커피 한 잔이 놓인 쟁반을 들고 다가왔다. 커피를 한 모금 머금고 다시 카페를 돌아봤다.

근처에 앉은 사람이 로봇과 얘기를 나누는데, 대화가 즐거운지 로봇의 손을 붙들고 있다. 알고 보니 단순한 인공지능 로봇이 아니었다. 누군가가 원격조종을 하고, 로봇에 내장된 스피커로 조종자와 직접 얘기하는 것이었다. 그 조종자는 누구이며 어디에 있을까. 조종자는 사고로 목 아래를 움직이지 못하는 중증 장애인이다. 자기 집 침대에 누워 로봇에 장착된 캠과 연결된 컴퓨터 모니터를 보면서 컴퓨터의 소형 마이크로 손님과 얘기하고, 눈의 움직임으로 화면 속 자판 메뉴를 선택해 로봇을 조종하고 있었던 것이다.

카페에서 로봇이 주문을 받고 서빙 하는 모습만 보면, 영락없이 인공지능 로봇이 점령한 미래 세계를 그린 영화 같다. 그런데 누군가 원격조종 하는 로봇이라면, 역시 영화와 현실은 다르다는 생각이 든다. 이 상황은《동아일보》일본 특파원이 취재한 기사[53]를 바탕으로 구성한 모습이다. 이 카페는 로봇 개발사와 항공사 등의 합작 프로젝트로, 장애인의 노동력을 끌어내는 것을 목표로 했다고 한다. 일본은 경제가 회복된 반면 인구 감소를 비롯한 원인으로 노동 수요에 비해 일할 사람이 부족하다고 한다. 이 문제를 해결하기 위한 방법의 일환일 텐데, 장애인에 대한 접근이 인상 깊었다.

이들은 '장애' 개념을 "단순히 몸이 불편한 것뿐만 아니라 거리나 시간의 제약으로 하고 싶은 일을 하지 못하는 것"이라고 재정립했다. 인터뷰에서 연구소 대표이사는 "로봇을 통해 시간적·공간적 제약을 극복할 수 있는 기술을 만들고, 이런 기술에 많은 사람이 공감한다면 장애인도 사회에 적극 참여할 수 있는 분위기가 만들어질 것"이라고 말했다. 프로젝트 팀은 장애를 몸이 불편한 일부 사람의 일로 국한해서 그들을 보호 대상으로 여기지 않고, 적극적으로 해석했다. 장애를 시공간에 묶인 보편적인 인간의 한계 개념으로 이해한 것이다. 그런 시각으로 보면 장애인 역시 사회 활동에서 제외될 이유가 없다. "나 같은 중증 장애인도 일할 수 있다는 것을 보여주고 싶다"는 로봇 조종자의 인터뷰에서 사회에 참여함으로써 얻는 뿌듯함이 느껴졌다. 2019년 일본에서 열리는 럭비월드컵에서 로봇을 통해 통역 봉사를 할 계획도 있다고 한다.

나는 한국에서 장애인의 권리 신장이 더딘 원인이 많은 한국인이 이기적인 나머지, 장애인을 배려 보호하지 않거나 그들에게 양보하지 않기 때문이라고 생각지 않는다. 오히려 그들을 보호하고 배려하고 양보해야 할 대상으로 여기는 태도가 장애인의 인권 개선을 가로막는다고 본다. 이런 현상은 양보와 배려를 바람직하고 이상적인 가치라고 믿는 데서 기인할 것이다.

실질적인 장애인의 권리 신장은 신체장애 때문에 활동이 불편해도 사회에서 어떤 역할을 담당하고 그에 대한 책임을 질 수 있을 때 비로소 가능하다. 동전의 양면처럼 권리는 의무, 즉 책임에 상응하는 개념이 아닌가. 의무와 책임을 맡는 과정에서 일시적으로 배려와 보호가 필요할 수는 있어도, 배려와 보호 자체가 권리가 될 수는 없다. 따라서 장애인의 권리는 신체적 제약이 있는 사람이니 배려하고 보호해야 한다는 시각이 아니라, 장애가 있어도 사회에서 사지 육신 멀쩡한 사람들 못지않게 책임 있는 역할을 하는 존재라는 시각을 가질 때 신장할 수 있다. 서구에서 장애인 복지에 보호와 배려, 양보 대신 그들이 활동하기 수월한 환경 조성에 치중하는 이유일 것이다. 그때 비로소 장애인은 정당하게 자기 권리를 보장받을 수 있고, 그 권리는 누가 함부로 침범하거나 훼손할 수 없는 것이 된다.

아동의 권리 신장 역시 마찬가지다. 아동 수당을 아동의 복지 개념이 아니라 저출산 문제를 해결하는 방법으로 삼는 발상은 아동을 배려하고 보호할 대상으로 보기 때문에 나올 수 있는 것 아닐까. 사회 구성원으로서 존중받고 권리를 누리려면 그에 합당한 책임 있는 일을 해야 하는데, 아이는 그럴 수 있는 존재가 아니라고 여기기 때문이 아닐까 하는 것이다. 이런 시각에서 한국의 아동은 권리를 주장할 명분이 없다.

그러나 근대사회는 아이처럼 미숙한 존재라도 그 자체로 사회에서 일정한 역할을 하고, 그에 대한 책임을 질 수 있다고 본다. 건강한 사회 구성원으로 성장하고, 자신을 책임질 수 있는 '개인'

으로 성장할 때 아동으로서 책임을 다하는 것이다. 근대 이후에 탄생한 아동의 권리 개념은 이런 시각에서 기인하는 것으로 알고 있다. 서구 사회가 장애인이 사회적 역할을 할 수 있도록 돕는 것처럼 부모는 자녀가 사회적 활동을 할 수 있는 '개인'이 되도록 돕는 역할을 하고, 그동안 아이의 삶에 참여할 자격을 부여받았다고 보는 것이다.

장애인이든 아동이든, 비장애 성인과 다르다고 해서 그저 배려하고 보호해야 할 존재로 여기면 아무래도 존중하기 어렵다. 머리로는 존중을 떠올려도, 실제로는 보호자의 지시에 따라야 하는 수동적이고 피동적인 존재로 취급하기 쉽다.

그러면 배려와 보호, 양보를 바람직하고 이상적인 가치라고 아무리 강조해도 배려와 보호, 양보가 필요한 존재에게 권리를 보장하는 일은 피상적 구호에 그칠 수밖에 없지 않을까.

'Mother knows best'의 진화
'The olders knows best', 꼰대의 등장

방에서 거실로 나가면 곧바로 엄마가 나를 훑어보는 시선이 느껴져요. "너 왜 그거 입었어? 그 옷, 별로야. 색깔이 너무 칙칙해. 네 얼굴에 안 맞아. 젊은 애가 좀 밝고 화사하게 입어"라는 목소리가 어김없이 들려요. 밤에 뭘 좀 먹으려고 냉장고 문을 열면 "너 운동은 하니? 몸무게 몇 킬로그램이야? 요즘엔 살찌면 안 돼. 자기 관리 못하는 게으른 사람처럼 보여"라고 말하고요.[54]

20대 후반의 여성이 학교 다닐 때부터 엄마가 방 정리해준다면서 물건을 뒤져 일거수일투족에 간섭하더니 지금까지 그런다고 호소한다. 심지어 남자 친구와 진로, 결혼 문제까지 꼬치꼬치 캐묻고, 궁금하지도 않은 엄마 의견을 말하면서 '지시'하려고 한다며, 집에 들어가기가 무섭다고 했다.

직장 생활에서 이와 비슷한 고충을 토로하는 사람도 있다.

제 얼굴에 약간 트러블이 있고 몸이 비만인 편인데, 심각한 수준은 아니에요. 통통하다고 할까, 덩치가 좀 있는 편이라고 할까 그 정도거든요. 아침에 밥을 못 먹고 나와서 출근하면 에너지 바나 초콜릿으로 때우는데, 그걸 보고 뭐라 하는 사람이 있어요. 50대 초반 정도 되는 사람인데, 얼마 전엔 제 배를 보고 "그만 먹어라, 살 빼라, 인스턴트식품이나 패스트푸드 먹지 마라, 그런 거 먹으니까 얼굴에 자꾸 뭐가 나는 거 아니냐" 그러는 거예요. 참고 참다가 폭발해서 큰 소리로 "알았다고요!" 하고 신경질적으로 대답했어요. 그랬더니 "다 너 생각해서 그러는데 왜 그러냐, 태도가 그게 뭐냐, 잔소리 듣기 싫으면 그렇게 만들지 마라" 이러더라고요.

20대 중반의 남성이 소셜 미디어에서 울분을 토했다. 나이가 아무리 많아도 자상하고 예의 바르고 털털한 사람에게는 자기도 모르게 깍듯한 자세가 나오는데, 여기가 직장인지 집인지 친구 모임인지 공사 구분 못 하고 아무렇게나 말하며 간섭하는 사람에게는 계급장, 나이, 성별 다 떼고 싸우고 싶은 마음이 든다는 것이다.

몇 해 전부터 '꼰대'라는 단어가 자기 생각을 타인에게 강요하는 사람을 가리키는 의미로 변형돼 새로이 등장했다. 꼰대의 특징 가운데 하나는 "요즘 젊은 사람들은……", "내가 ○○했을 때는……"이라고 말하면서 부탁받지 않은 조언이나 충고를 하는 것이다. 이들 가운데 악의가 있는 사람은 없다. 그런 일이나 상황을 먼저 경험한 선배로서 아직 모든 게 새로운 후배에게 자기와 같은 실수나 실패를 피하고 좋은 결과를 얻을 수 있는 방법을 알려주려는 '선한' 의도에서 하는 말이다. "Mother knows best!"라고 선언하는 부모와 비슷한 경우다.

철학자이자 아들러 심리학의 대가로 알려진 기시미 이치로는 자녀 양육에 대해 이야기하면서 '중성 과제'라는 개념을 설명한다.[55] 중성 과제란 공동체(즉 사회)에 해악을 끼치는 일은 아니지만 바람직하지도 않은 일이다. 예를 들어 숙제를 하지 않거나, 방을 어지르고 치우지 않거나, 게임에 빠졌거나, 늦잠을 자는 것 등 그 피해가 당사자에게 국한된 일이다. 그는 중성 과제에는 아무리 부모라도 함부로 개입해선 안 된다고 강조한다.

어느 심리 상담가는 심지어 학교에서 따돌림을 당해 괴롭다고 호소하는 아이 문제도 아이보다 앞서서 해결해주지 말아야 한다고 당부한다. 자녀가 불량한 사람들과 어울리며 주위 사람들에게 폭력을 일삼는다면 양육자는 마땅히 그 행동에 관여하고 제지해야 한다. 하지만 바람직하지 않은 태도라고 해서 중성 과제에 자꾸 간섭하는 것은 자녀에게 무책임한 태도를 연습하게 만드는 꼴이 된다. 자신이 책임져야 할 일을 부모의 지시나 간섭에 따라 타율적으로 하는 경우가 잦아지면, 나중에 만족스럽지 않은 결과에 대해 부모나 남 탓을 하는 사람이 된다는 것이다.

그렇다고 모른 체하라는 의미는 아니다. 그런 태도나 일에 관심과 우려를 나타내면서 부모와 자녀의 '공동 과제'로 만들 수 있다. 다만 도움이 필요한지 물어보고 자녀가 요청할 때에 한해서다. 예를 들어 따돌림 당해서 괴로워하는 아이의 호소에 공감하며 잘 들어주되, 아이의 태도를 개선한답시고 문제점을 지적하거나 부모가 해결해주겠다고 나서면 안 된다. 네가 원한다면 언제든 지원군이 돼 싸울 것이며, 학교에 따라다녀서라도 너를 지키겠다고 말하는 정도에 그쳐야 한다고 강조한다. 즉 공동 과제와 중성 과제를 구분하고 실천하려면, 서투르고 위태로워 보이는 자녀를 믿고 기다리는 자세가 필요하다.

이 힘을 사회적 관점에서 말하면, '거리 두기'다. 철학자 이진우는 "도시 속에서 독립적 개인으로 함께 살아갈 수 있는 방식"으로 '거리 두기'를 제안하면서 독일의 사회학자 게오르크 지멜의 말을 빌려, 오밀조밀 복작복작하며 살아가야 하는 대도시만큼 "개인 상호 사이 유보와 무관심이 더 필요한 곳도 없다"[56]고 강조한다.

이런 '거리 두기', 즉 유보와 무관심이란 자기만의 선의로 상대를 위해주고 싶은 충동을 절제하는 태도라고 할 수 있을 것이다.

이런 절제 없이 하는 지적은 선배나 부모 입장에서는 조언과 충고지만, 후배나 자녀 입장에서는 간섭이다. 이 간섭은 옷이나 먹는 것 같은 사소한 잔소리로, 귀찮은 정도에 그치지 않는다. 후배나 자녀에게 이런 조언과 충고는 '경험할 기회'를 가로막는 권리 박탈이 된다. 내가 선택한 것이 부모(선배)의 마음에 바람직하지 않을 때마다 그것보다 이것이 좋다는 선의의 조언과 충고를 하고, 자녀(후배)가 이를 받아들이지 않으면 내가 해봐서 안 다며 강요하는 건 심하게 말하면 폭력과 같다고 해도 과언이 아니라고 생각한다.

내가 해봐서 안다는 말 앞에서 자녀(후배)는 반박할 무기가 없다. 해봐서 안다고 확신하는 사람을 도대체 무엇으로 설득하겠는가. 그런 말 앞에서 부모(선배)가 알려주는 것이 아닌 다른 경험을 하고자 하는 자녀(후배)는 그들보다 늦게 태어난 게 죄라는 생각밖에 들지 않는다. 자신이 바꿀 수 없는 조건을 약점으로 잡아 일방적 요구를 거부하지 못하게 만드는 것이 폭력이 아니고 무엇이겠는가.

'꼰대'가 사회적 단어가 된 배경을 대개 나이나 직책 등으로 서열화하는 동양적 사고를 거부하는 사회적 변화 현상이라고 설명하지만, 이는 어쩌면 '개인'이 생존하기 위한 표현적 저항인지도 모른다. "Mother knows best"라고 말하는 부모에게서 겨우 벗어나나 싶었는데 다시 "The olders knows best"라고 말하는 사람을 만난다면, 절망 그 자체가 될 테니까.

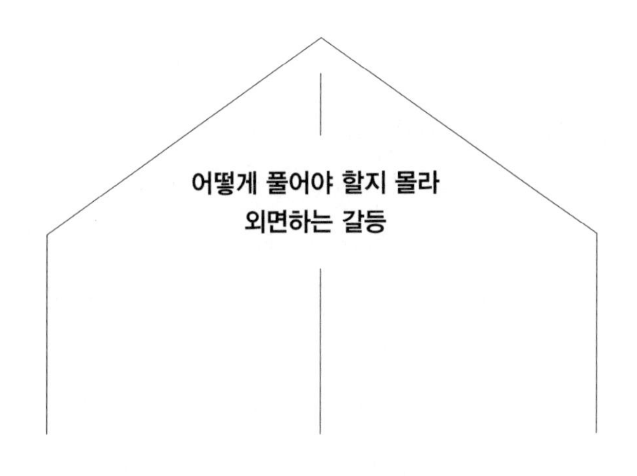

어떻게 풀어야 할지 몰라
외면하는 갈등

결혼 전 일이다. 교외에 볼일이 있어서 부모님과 차를 타고 가는 길이었다. 아버지가 운전대를 잡았는데 초행이다 보니 자꾸 길을 잘못 들었다. 그땐 내비게이션이 나오기 전이라, 보조석에 앉은 엄마가 내비게이션 역할을 했다. 내비게이션은 길을 잘못 들어도 담담하게 다시 알려주는데, 엄마는 그때마다 언성을 높였다. 아버지와 나는 성격이 느긋한 반면, 엄마는 실수를 용납하지 못하는 스타일이라 나는 어릴 때부터 엄마의 그런 부분이 늘 불만이었다.

그날도 마찬가지였다. 길을 잘못 들면 돌아가면 되지, 세상 무너질 것처럼 화를 내는 엄마가 너무한 것 같았다. 뒷좌석에 있던 나는 조심스레 엄마에게 너무 그러지 말라고, 조금 돌아가면 되지 않느냐고 한 마디 건넸다. 화가 머리끝까지 난 엄마에게 그런 말은 불난 집에 기름을 부은 격이었다. 엄마는 내게 언성을 높였고,

나도 언성이 높아졌다. 이제 엄마의 화가 내게로 와서, 엄마와 나는 자동차에 있는 내내 앙칼진 목소리로 칼날을 세웠다. 급기야 엄마가 거친 말을 했다. 너무 놀랐다. 자라는 동안 아무리 자주 다퉈도 가족 사이에서 그런 말을 들어본 적이 없었다. 나는 엄마가 선을 넘었다고, 이건 심각한 일이라고 생각했다. 지금까지 살면서 누군가와 가장 심하게 싸운 날이었다. 그 대상이 바로 엄마라니.

아버지는 당신의 아버지나 마찬가지였던 형에게 절대 복종하는 분위기에서 자랐지만, 자식에게는 탈권위적이었다. 그건 엄마도 마찬가지였다. 외할아버지는 무섭고 엄격해서 늦둥이인 엄마에게도 너그러운 모습을 보여주지 않았고, 엄마는 오히려 할아버지의 권위와 엄격함에 눌려 자랐다. 내 부모님은 자라는 동안 가족에게 불만이 있어서 그랬는지 부모로서 권위를 내세우기보다 친근하고 자애롭게 나와 동생을 대했다.

그런 부모님을 떠올리면, 사람은 누구나 자기 가족을 새로 꾸리면서 자라는 동안 함께 지낸 본가 가족에게 품은 불만을 되풀이하지 않으려고 노력하는 것 같다는 생각이 든다. 나는 덕분에 자유롭게 자기주장을 하는 분위기에서 자랐다. 그런 주장이 때로 갈등을 유발한 건 자연스러운 현상이었다. 그 갈등은 높은 언성을 동반한 다툼으로 이어지기 쉬운데, 언쟁은 그저 언쟁으로 끝났다. 각자 씩씩거리며 방으로 돌아가 감정을 가라앉히면 아무 일 없던 것처럼 됐다. 아무도 그 얘기를 다시 꺼내지 않았다. 자유롭게 자기주장을 하고, 그에 따라 갈등이 불거져도 오래가지 않았지만,

갈등이 해결된 건 아니었다.

나는 불만이 쌓였고, 하루빨리 집에서 벗어나고 싶었다. 자유로운 분위기에서 자란 건 행운이고, 부모님에게 항상 감사한 마음이다. 사춘기 이후 결혼하기까지 잦은 갈등 속에서 지냈지만, 그 덕에 갈등을 부정적으로 생각하지 않는 태도를 갖게 된 측면도 있다고 생각한다. 물론 언성을 높이고 다툼으로 이어진 갈등이 해결되지 않은 채 그 상태로 끝나는 건 힘들었다.

한국에서 갈등이 가족 간에 언쟁으로, 사회에서는 생사를 건 투쟁으로 악화되기 쉬운 원인은 갈등을 관계의 문제로 인식[57]하는 태도라는 분석이 가장 설득력 있다고 생각한다. 내가 아내인지, 며느리인지, 간병인인지 혼란스러워하며 중심을 잡지 못했듯이 자기 정체성을 자신이 속한 집단의 역할에 두다 보니, 그 역할이 집단에서 차지하는 위치로 자신과 타인의 관계를 인식하는 데서 기인하는 것이다. 서로를 '나'와 '너'란 독립적 개인이 아니라 집단 속 개체로 인식하니, 갈등은 관계의 균열을 가져오는 위협으로 느껴지는 것이다.

구성원이 서로 같아서 형성한 집단은 다름에 따른 갈등을 자신과 자신이 속한 집단을 무너뜨리는 위협으로 받아들인다는 리처드 세넷의 지적처럼, 같은 집단에 속한 개체가 다름을 드러내는 갈등은 자연히 그 관계마저 파괴할 것이라고 여기게 마련이다. 그러다 보니 갈등에 대처하는 것이 외면으로 이어지기 쉽다. 내가 자랄 때 가족이 다투고 나서는 각자 자기 방으로 들어가고 아무

일 없던 것처럼 되고 말았듯이.

엄마와 심하게 다툰 날도 그랬다. 마음이 좀 가라앉자 나는 서로 어떤 마음이었는지 얘기하고 싶어서 엄마를 찾았지만, 엄마는 그 얘길 뭐 하러 또 꺼내느냐며 거절했다. 불만이나 다른 생각을 입 밖에 내기 어려운 분위기였던 어린 시절과 달리 당신들이 꾸린 가정에서는 불만을 드러내는 걸 허용했지만, 그에 따른 갈등을 어떻게 다뤄야 하는지는 모른 것이다. 부모님 입장에서는 소중한 관계에, 자신이 이룬 가족에 대한 위협으로 느껴질 수 있는 갈등 표출을 허용한 것만으로도 대단한 용기가 필요하지 않았을까.

이제는 한 발 더 나가야 한다. 갈등을 다룰 줄 아는 상태는 '우리'라는 집단의 개체가 아니라 '나'와 '너'가 연대한 공동체의 '개인'임을 나타내는 것이라고 생각한다. 그렇다면 갈등을 다루는 방법을 익히는 과정이 곧 '개인'이 되는 과정이기도 할 것이다.

가족의 대화는 사적 영역에서 벌어지는 '개인'의 공론의 장

토론에 관심이 있는 나는 얼마 전에 두 가지 토론 방법을 배웠다. 독서 토론[58]과 개인적인 고민이나 공동체의 문제에 대해서 의견을 나누는 '공감 토론'[59]이다. 책을 갖고 하느냐 아니냐가 다를 뿐, 둘 다 같은 방식으로 진행한다. 발언 시간은 3분이고, 자기 의견을 꼭 말해야 하며, 다른 사람이 얘기할 때 잘 듣고, 자기 생각만 밝힌다. 금기 사항은 딱 하나, 다른 사람의 의견을 평가하거나 판단하거나 의견 내용(메시지)이 아닌 사람(메신저)에 대한 말을 하는 것이다.

독서 토론은 진행자가 논제를 마련해서 그에 대한 생각을 나누고, 공감 토론은 토론자가 협의해서 논제를 결정한다. 토론자가 돌아가면서 하나씩 의제를 내놓고, 그 가운데 다수결로 무엇에 대해 의견을 나눌지 선택하는 것이다. 이 대화 방식을 익힌 뒤 나는 종종 가족과 얘기 나눌 때 적용한다. 그전에 초등학생인 조카들은 늘 가족의 대화에 끼지 못하고, 둘이 구석에서 오락을 하며 놀았다. 이 대화 방식의 커다란 장점은 나이나 위치에 상관없이 다 함께 생각을 나눌 수 있다는 것이다.

독서 토론은 주로 접근하기 쉬운 그림책을 갖고 얘기했다. 그러면 어른들은 곧잘 어릴 적 추억을, 조카들은 자기 경험을 얘기하며 공감하고 때론 배꼽을 잡고 즐거워한다. 개인적인 고민에 관해 토론하는 공감 토론에서 한번은 동생의 직장 문제를 논제로 삼았다. 아이들도 자기가 아는 만큼 아빠 문제에 대해서 어른과 똑같이 의견을 내놓았는데, 의외로 귀담아들을 내용이 많아 놀랐다.

이런 대화를 나눌수록 아이들이 아무것도 모르는 어린애나 어른이 결정하고 돌봐야 할 미숙한 인격체가 아니라, 어른 못지않은 수준을 갖춘 사람이라는 걸 깨닫는다. 아이 안에 있는 '개인'의 잠재성을 본다는 뜻이다. 아이 입장에서는 어른 아이 할 것 없이 자기 얘기를 하고, 서로 그 얘기를 경청하면서 뭔가 자부심과 자신감을 얻는 것 같다. 가족이 소통하고 사안을 다양한 관점으로 보는 것은 물론, 무엇보다 나와 크게 다르지 않을 것이라고 여기던 가족에게 각자 다른 생각과 가치관이 있다는 사실을 발견하면서 조금씩 '우리'가 아니라 '너'와 '나'로 인식하는 효과가 있다. 의사소통 행위 이론으로 세계적 명성을 얻은 독일의 사회철학자 위르겐 하버마스가 "의사소통을 통해 만들어진 상호 인격적 관계에 스스로를 표현하는 정도만큼만 자기 내면적 중심을 형성"[60]한다고 한 말의 의미가 이와 같은 것 아닐까. 위계나 서열에 관계없이 토론 참가자의 문제나 고민에 대해 서로 다른 자기 생각을 나누는 것도 비슷한 효과를 발휘할 테다.

특히 가족 구성원을 역할이 아니라 '○○○ 씨'처럼 성姓을 포함한 이름으로 존칭한 것도 적지 않은 역할을 했다고 생각한다. 토론할 때는 대등한 관계라는 사실을 주지하기 위해 토론 진행자인 내가 그렇게 했는데, 다행히 70대 노인과 30~40대 장년, 10대 아이들로 구성된 가족 모두 긍정적으로 받아들였다. 아무리 부모가 권위적이지 않은 가정이라도 한국에서 부모와 자식은 유교적 위계 문화가 있지 않은가. 따라서 토론처럼 함께 의견을 나누는 자리에서 적어도 나이에 상관없이 이름으로 불리면 서로를 '개인'으로 인식하는 데 도움이 되지 않을까 싶었다.

부모 같은 윗사람을 이름에 그 사람을 높이는 의존명사 '씨'를 붙여서 부르는 방식에 거부감이 드는 사람도 있으리라고 생각한다. 사전에도 '씨'는 "그 사람을 높이거나 대접하여 부르거나 이르는 말. 공식적·사무적인 자리나 다수의 독자를 대상으로 하는 글이 아니라면 윗사람에게는 쓰기 어려운 말로, 대체로 동료나 아랫사람에게 쓴다"고 나온다. 그러나 '공식적·사무적인 자리'에서는 상대를 높이거나 대접하는 의미를 담은 호칭인 것 또한 분명하다.

가족의 공간인 가정은 구성원 '개인'이 사생활을 공유하는 사적 영역인 동시에 개인이 모여 형성한 공간인 만큼 공적 영역이기도 하다는 관점에 비춰보면, 가족의 대화는 일정 부분 공식적인 면이 있다고 할 수 있지 않을까. 더욱이 특정한 주제를 두고 규칙에 따라 나누는 대화라면 그런 개인의 대화는 (사적 영역에서 이루어지는) 공론의 성격을 띤다고도 할 수 있다(물론 사회에 대비하면 사생활에 해당하겠지만).

이런 방식으로 대화하면 대개 다른 의견이나 상대를 이해하게 된다. 그렇다고 내 의견이나 주장을 포기한다는 의미는 아니다. 상대도 나나 내 의견을 이해하게 되는 건 마찬가지이기 때문에 적절한 방안을 찾는다. 설사 어떤 주장에 기울더라도 그에 대해서 이해하는 면이 있기 때문에 큰 불만이 생기지 않는 것 같다.

물론 늘 그런 것은 아니다. 가족과 토론한 것은 아니지만, 나는 완전히 실패한 토론을 경험한 적이 있다. 저출산 현상에 대한 생각을 나누는 자리였는데, 나는 저출산 현상을 문제로 보는 시각에 반박하고 싶은 나머지 다른 의견이 거의 귀에 들어오지 않았다. 나는 시종일관 같은 생각을 강하게 주장했고, 그러다 보니 상대방도 자기 생각을 고수했다. 아무리 좋은 방식으로 대화해도 내 의견에 동의하지 않는 다른 의견을 듣기는 어렵다는 사실을 그때 새삼 깨달았다.

예민한 사안일수록 다른 의견을 들으면 발끈해서 곧바로 반박한다. 그런 반응은 마치 눈앞에서 누가 손뼉을 치면 눈꺼풀을 깜빡이듯 반사적이고 본능적으로 나타난다. 그 이유 또한 손뼉을 치면 눈꺼풀을 깜빡이는 원인과 같을 것이다. 갑작스러운 충격에서 눈을 보호하기 위해 눈꺼풀을 깜빡이듯, 자신을 보호하기 위해 다른 의견에 발끈하는 것일 테다. 내 의견을 지지 받지 못해서 생길지도 모르는 손실이나 위협 때문에. 존중받지 못하거나 버림받을지도 모른다는 불안감 때문에. 자신을 지탱하던 세계관이나 가치관이 부정당하면 자신이 무너질지도 모른다는 두려움 때문에. 이런 위협이나 두려움, 불안의 에너지가 즉시 반박하게 만드는 주요 동력 아닐까. 나 역시 아이를 키우지 않다 보니 일상에서 저출산 현상 관련해서 이런저런 눈총을 받은 경험 때문에 나도 모르게 방어적 자세로 대화한 사실을 뒤늦게 깨달았다.

이런 반박은 대화를 실패하게 만든다. 위협이나 두려움, 불안의 원인이 당사자 개인의 문제이기 때문이다. 상대는 자기 생각을 말했을 뿐인데 거기서 어떤 자극을 받고 내 안에 어떤 감정이 일어난다면, 그것은 자신이 풀어야 할 문제지 공론의 장에서 풀 일이 아니고 푸는 데도 한계가 있을 테다. 그래서 대화할 때는 다른 사람 의견에 귀 기울이면서 자신의 내적 반응도 잘 살펴야 한다. 마음속에서 뭔가 발끈하는 게 느껴지면 잠깐 멈추거나, 그 감정을 스스로 다룰 줄 알아야 한다.

갈등을 다루는 방법을 익히는 과정이 '개인'이 되는 과정이기도 한 까닭이 여기에 있다. 다른 사람과 상호작용 하는 동안 생긴 문제라도 그것이 자기 문제인지, 타인의 문제인지 구분해야 하기 때문이다. 자기가 해결할 수 있는 일과 타인의 도움을 구해야 하는 일을 구분하는 것은 '우리'가 아니라 '나'와 '너', 즉 개인이 되는 첫 걸음이니까. '개인'이 그저 개별적으로 고립된 존재를 의미하거나 인간이 사회적 존재라는 사실을 부정하는 게 아니라 삶을 스스로 영위할 수 있는 자립의 존재를 지칭한다면, 그것은 자기 내면(즉 홀로 있는 상태)에서 시작하지만 반드시 타인과 관계에서 완성해야 한다는 점에서 대화의 역할이 중요하다.

하나부터
열까지 다른
부부의 건강한 싸움

"이혼 얘기가 결혼 초부터 나왔어요. 아내가 결혼하고 일주일 만에 이혼하자고 했는데, 엄청난 충격이었죠. 결혼 생활이 끝났다고 생각했어요. (…) 자라온 환경이 많이 달라서 그렇게 싸운 것 같아요. 자라온 환경이 다르다 보니 서로의 가족 분위기에 익숙하지 않았죠. 저는 아내 목소리가 시끄러웠고, 아내는 조용한 제가 답답했고요."

"어떻게 그렇게 싸울 수 있었을까 싶을 정도로 숱하게 싸웠어요. 어떤 남편이라도 부인에게는 인정받고 싶었을 텐데, 사실 내가 너무 강해서 남편과 매번 부딪혔죠."

이무송과 노사연은 방송에서 공공연히 자신들의 잦은 부부 싸움을 희화화한다. 이무송은 노사연이 "이혼해!"라고 말하면 싸움이 끝나는 신호라고 너스레를 떨었다. 처음엔 그토록 충격을 받은 이혼 언급이 이제는 그들의 다툼을 끝내는 관례로 자리 잡은 것이다. "고기 먹으러 가자." 먹는 걸 좋아하는 부부의 화해 신호라고 한다. 최근 유명인 부부의 생활을 보여주는 예능 방송에서도 고기 먹는 모습으로 처음 등장했다. 둘 다 좋아하는 고깃집에서도 부부는 아슬아슬해 보였다. 돼지고기냐 소고기냐, 어떤 고기부터 먹을지 또 아웅다웅했다. "안 맞아, 안 맞아, 정말 안 맞아!" 농담처럼 내뱉는 이무송의 한탄에 노사연도 그렇게 생각하는지, 그저 가만히 웃었다.

나 역시 남편을 두고 처음엔 정말 나랑 똑같은 사람이라고 감탄하던 생각이 결혼 생활을 이어갈수록 '어쩌면 성격이나 좋아하는 것, 태도, 사고방식 등 하나부터 열까지 나와 정반대일까' 하는 탄식으로 변하고 있었다. 심지어 남편은 거실에서 TV를 재미있게 보다가도 내가 재밌다고 하면 채널을 돌린다. 내가 재미있어하면 갑자기 다른 걸 보고 싶어진다니, 정말 기가 막히고 코가 막힐 노릇 아닌가.

'아, 어쩌면 하늘은 이렇게 다른 우리를 만나게 했을까.' 신의 술수는 얼마나 절묘한가. 그런데 신의 술수와 정반대로 인간은, 아니 한국인은 부부가 되는 순간 서로를 너무나 당연하게 동일시한다. 부부는 일심동체라는 말 때문인지 아내는 남편을, 남편은 아내를 '너'로 인정하지 않고 나와 같아지기를 요구하는 것이다. 자식에게도 그렇다. 마치 '우리' 가족의 마법에 걸린 듯.

"솔직히 우리 부부는 많이 싸웠어요. 싸웠다는 사실을 당당하게 말할 수 있는 건 무지막지한 싸움이 아니라 건강하게 싸운다는 뜻이에요. 싸우기 위한 싸움보다 무슨 문제든 그 문제를 풀어가기 위한 건강한 싸움은 필요한 것 같아요. 건강한 싸움은 서로를 배려하고 이해하는 마음이 들게 하거든요. 결혼은 남이 아니라 나 자신을 깎는 거예요. 내가 나를 깎아 둥글게 만들면서 모나지 않게 어디든지 다 가는 거죠."

노사연·이무송 부부는 서로 반해 호감이 생겼지만, 노사연은 늘 자신이 한눈에 반해 적극적으로 구애했다고 말한다. 그렇게 좋은 사람과 살면 행복하리라 기대하고 결혼했지만, 일주일 만에 이혼하자는 말이 나온 걸 보면 누군가와 함께 사는 일이 그냥 같이 살기만 하면 되는 게 아닌 건 분명한 듯하다. 이혼설이 나돌 정도로 맹렬하게 다퉜지만, 노사연은 상대를 내 마음에 맞게 바꾸려고 할 게 아니라 내가 상대에게 맞출 줄 아는 방법을 터득하는 게 결혼이고 가족을 만드는 일이라고 말한다.

여기서 내가 상대에게 맞출 줄 아는 방법이란 '나'를 버리고 온통 가족을 위해 희생하라는 의미가 아닐 테다. 내가 존중받고 싶은 만큼 상대도 있는 그대로 인정하는 아량을 베풀면서 그릇을 키워야 한다는 뜻이리라. 상대에게 맞추기 위해 나를 버리고 희생하는 태도라면 싸울 이유가 없지 않겠는가.

하지만 '나'를 양보하지 않은 채 '너'를 존중하는 방법을 찾으려고 하면 갈등과 충돌을 피할 수 없다. 싸우기 위한 싸움이 상대를 나나 집단에 맞추도록 만들기 위한 폭력이라면, 이해를 위한 건강한 싸움이란 서로 상대를 너로 만들려는 투쟁이라고 할 수 있다. 그런 면에서 그들의 다툼은 나를 버리지 않으면서 상대를 나만큼 존중하고 인정하는 방법을 찾기 위한 과정이라고 생각한다.

미주

1 2014년에 서울지방경찰청과 강원지방경찰청이 함께 연구·발표한 논문 〈한국의 존속살해와 자식살해 분석〉에 의하면, 한 해 동안 발생한 전체 살인 사건 가운데 가족살해 비율이 미국은 2퍼센트, 영국은 1퍼센트 정도인 반면, 한국은 무려 5퍼센트다. 이 추세는 줄어들 기미가 보이지 않는데, 갈수록 보험금이나 경제적 문제 때문에 가족 살인이 발생하는 경우가 늘고 있다고 논문은 지적한다. 가족 외에 기댈 곳이 없는 사람들이 자기가 살기 위해 다른 가족 구성원을 도구로 삼은 극단적인 현상인 것이다.

2 온라인 같은 가상현실에서 자기 역할을 대신하는 캐릭터.

3 고전적 '정상 가족'은 가족 구성원의 성비가 균등해야 한다.

4 유럽을 중심으로 아메리카와 서남아시아, 북아프리카, 오세아니아 등에 사는 집단.

5 〈'한파 속 신생아 구조'는 자작극, 신고한 여대생이 아기 엄마〉, 《서울신문》, 2018년 1월 30일자.

6 권명아 지음, 《가족 이야기는 어떻게 만들어지는가》, 책세상, 2000, p.75.

7 같은 책, p.73.

8 당신 인생 한 번뿐.

9 복잡한 세상 편하게 살자.
10 무의미한 것에 눈을 돌려 그 안에서 꾸밈없는 의미와 즐거움을 찾는 세대.
11 타인에게는 휘발적이고 무의미한 소비로 보이지만 자신에겐 가치 있는 것에 투자하는 비용.
12 김민섭 지음,《대리 사회: 타인의 공간에서 통제되는 행동과 언어들》, 와이즈베리, 2016, p.136.
13 송호근 지음,《나는 시민인가: 사회학자 송호근, 시민의 길을 묻다》, 문학동네, 2015, p.267.
14 같은 책, p.254.
15 사이토 사토루 지음, 조영환 옮김,《가족이라는 이름의 고독》, 일우당, 1997, p.229.
16 문학자 권명아는《가족 이야기는 어떻게 만들어지는가》p.44에서 "전쟁에 대한 이런 복합 감정(가해자로서 죄의식과 피해자로서 보상 심리)으로 인해 전후 소설은 죽은 자에 대한 죄의식 그리고 죽음의 신성화를 통한 죄의식 승화와 자기 구원이라는 복합적 심리 구조를 보여준다"고 설명한다.
17 리처드 세넷 지음, 유강은 옮김,《무질서의 효용: 개인의 정체성과 도시 생활》, 다시봄, 2014, p.78.
18 같은 책, p.103.
19 한남제 지음,《현대 가족의 이해》, 일지사, 2002, p.194.
20 래리 시덴톱 지음, 정명진 옮김,《개인의 탄생》, 부글북스, 2016.
21 물론 이 신의 '목소리', '의지', '양심' 같은 것은 도덕적인 측면을 의미한다.
22 미셸 세르·실비 그뤼스조프 외 9명 지음, 이효숙 옮김,《정체성, 나는 누구인가》, 알마, 2013, p.31.
23 〈임신한 여성 5명 중 1명 이상이 자연유산〉,《머니투데이》, 2015년 5월 15일.
24 Barber, B. K., & Harmon, E. L., "Violating the self: Parental psychological control of children and adolescents," B. K. Barber(Ed.), *Intrusive parenting: How psychological control affects children and adolescents*, 2002.
25 리처드 세넷 지음,《무질서의 효용》, pp.72, 99.

26 〈성 평등 의식 높아졌지만… '그래도 아이는 엄마가' 잣대 여전〉, 《세계일보》, 2018년 1월 31일.

27 H. Rudolph Schaffer & Peggy E. Emerson, "The Development of Social Attachments in Infancy".

28 양반 아버지와 양민 어머니 사이에 태어난 아들.

29 서얼과 그 자손은 문·무과의 관료가 되는 과거제도에 응시할 수 없었다. 그들이 관직을 얻는 방법은 기술관이 되는 것으로, 2품 이상 고위 관료 자손에게 허용됐다. 문·무관 2품 이상의 양첩 자손은 정3품 당하관, 천첩의 자손은 정5품까지 허용됐다고 한다(국사편찬위원회 우리역사넷, '사료로 본 한국사' 참고).

30 유광수 지음, 《가족 기담: 고전이 감춰둔 은밀하고 오싹한 가족의 진실》, 웅진지식하우스, 2012, p.94.

31 정희진 지음, 《아주 친밀한 폭력》, 교양인, 2016, p.100~114.

32 일제강점기에 일본은 성씨가 다른 아이를 양자로 들이는 일본 문화를 조선의 호적 제도에 반영했다. 해방 이후 조선의 풍습이 연구되지 않은 상태에서 일제에 대한 반감으로 무분별하게 조선의 제도를 복원, 성씨가 다른 아이를 가족으로 들이지 못하게 함으로써 '가족은 혈육이라는 생물학적 관계'라는 믿음이 강화되며 이어져 내려왔다. 문옥표, 2001, pp.87~89 참고.

33 문옥표, 〈일본의 가족: 전통적 제도와 현대의 변용〉, 한국정신문화연구원, 《동아시아 문화 전통과 한국 사회》, 백산서당, 2001, pp.87~88.

34 같은 책. p.176, 192, 217

35 이진우 지음, 《프라이버시의 철학: 자유의 토대로서의 개인주의》, 돌베개, 2009, pp.189~205 참고.

36 홍주현 지음, 《하기 싫은 일을 하는 힘: 기 쓰지 않고도 끝까지 해내는 마음 관리법》, 사우, 2017 참고.

37 이진우 지음, 《프라이버시의 철학》, p.202.

38 〈복지부국 스웨덴을 이끄는 몇 가지 원칙〉, 《전남타임스》, 2013. 12. 20

39 〈저출산 심각해도 시장이 사라지진 않아〉, 《동아비즈니스리뷰》 226호, 2017

년 6월.

40 2016년 출생률은 한국 1.17명, 대만 0.9명, 방글라데시 2.1명이다.

41 〈우리나라 노동생산성 향상의 제약 요인 및 제고 방안〉, 《산은조사월보》 754호, 2018년 9월.

42 2016년 기준 OECD 회원국 합계 출생률(통계청)은 프랑스 1.89명, 스웨덴 1.85명, 미국 1.82명, 한국 1.17명, 평균 1.68명이다.

43 "Percentage of women and men aged 15-44 who ever had a biological child: United States(2011-2015)," *National Health Statistics Reports*, No.113, July 11, 2018.

미국	히스패닉	비히스패닉, 백인	비히스패닉, 흑인	비히스패닉, 아시아인
여성	62.1	53.0	57.1	48.9
남성	49.8	42.3	46.6	35.6

44 〈북유럽·프랑스 등 혼외 출산 많은 선진국, 출산율도 높다〉, 《중앙일보》, 2018년 3월 30일.

45 《육아정책Brief》 58호, 2017년 6월 20일, 육아정책연구소.

46 같은 자료.

47 히브리어로 '친구', '짝'을 의미한다고 한다. 부모와 자녀, 교사와 학생이 동등한 입장에서 질문을 주고받으며 얘기하는 것이 핵심이다. 〈질문을 통해 배운다…유대인의 하브루타 교육법〉, 《중앙일보》, 2018년 6월 20일.

48 한남제 지음, 《현대 가족의 이해》, 일지사, 2002, p.191.

49 에드워드 홀 지음, 최효선 옮김, 《문화를 넘어서》, 한길사, 2013, pp.69, 162 참고.

50 필립 아리에스·조르주 뒤비·폴 벤느 지음, 주명철 외 옮김, 《사생활의 역사 1》, 새물결, 2002, pp.162~165, 186~191.

51 리하르트 반 뒬멘 지음, 최윤영 옮김, 《개인의 발견》, 현실문화연구, 2005, pp.217~218.

52 프랑스의 철학자이자 사회학자인 알랭 로랑에 따르면, 18세기에는 이런 개

인주의에 반대하는 여론이 특히 높았다. '개인주의'라는 용어는 19세기 초에 등장했는데, 개인주의를 지지하는 측이 아니라 오히려 반대 세력이 만들어 낸 것이었다. 그만큼 아직 봉건시대의 가치를 벗어나지 못한 당시 유럽에서 개인주의는 오늘날 우리가 이기주의와 혼용하듯 공동체 와해를 우려하며 부정적 의미로 받아들이는 사람이 많았다. 알랭 로랑 지음, 김용민 옮김, 《개인주의의 역사》, 한길사, 2001, pp.42, 91~95 참고.

53 〈주문 받고 서빙 척척… 알고 보니 283km 떨어진 장애인이 조종〉, 《동아일보》, 2018년 12월 22일.

54 한기연 지음, 《나는 더 이상 당신의 가족이 아니다》, 씨네21북스, 2012, 1장 사연 중 각색

55 기시미 이치로 지음, 《엄마를 위한 미움받을 용기: 아들러 심리학의 성장에너지》, 스타북스, 2015.

56 이진우 지음, 《프라이버시의 철학》, p.230.

57 정주진 지음, 《갈등 해결과 한국 사회: 대화와 협력을 통한 갈등 해결은 가능한가》, 아르케, 2010, p.49.

58 숭례문학당 독서 토론 과정.

59 (주)공감마당(직접민주연구원) 공감 도우미 과정.

60 위르겐 하버마스 지음, 이진우 옮김, 《담론 윤리의 해명》, 문예출판사, 1997, p.20.

지은이 홍주현

전 국회 입법·정책 보좌진으로 지금은 '나'라는 개인과 사회를 성찰하는 탐구자. 고분고분 착하다는 얘기를 들으면서 보낸 학창시절의 끝에는 IMF가 기다리고 있었다. 졸업생이 들어갈 자리는커녕, 잘 다니던 사람들의 직장이 하루아침에 없어지는 상황에서 우연히 공고를 통해 국회에서 일하게 된 게 10년, 나름 사회에 이바지한다는 사명으로 의욕에 차서 일했고, 여느 사람들처럼 결혼하고 아이도 낳아 키우는 커리어 우먼, 슈퍼맘을 꿈꿨다.
결혼 후 남편의 말기 암 판정을 받고 인생이 180도 바뀌었다. 남편의 투병을 도왔던 5년, 그것은 저자 자신이 '우리' 가족이란 울타리에서 벗어나 '나'로 다시 태어나는 시간이기도 했다. 그 과정에서 저자는 한국 사회에 공기처럼 퍼져 있는 가족집단주의가 가족 구성원 '개인'을 어떻게 억압하는지 발견했다. 소위 '우리' 가족이라는 폐쇄적이고 배타적인 울타리 안에서 개인은 '나'가 되지 못하고, 따라서 상대를 '너'로 대하지도 못한다는 사실이다.
저자는 가족으로 인한 문제를 직접 겪으면서 체감한 한국인의 가족에 대한 집단주의적 인식 문제와 그로 인한 사회적 문제를 짚는다. 나아가 저자가 의식적 울타리인 '우리'에서 벗어나 '개인'으로 거듭나는 과정을 보여주고자 한다. 지은 책으로 《하기 싫은 일을 하는 힘》이 있고, 우리말로 옮긴 책으로 《8분 글쓰기 습관》이 있다.

환장할 우리 가족

정상 가족 판타지를 벗어나 '나'와 '너'의 가족을 위하여

1판 1쇄 발행 2019년 4월 25일
1판 2쇄 발행 2019년 6월 30일

지은이 홍주현
펴낸곳 (주)문예출판사 | 펴낸이 전준배
출판등록 1966. 12. 2. 제 1-134호
주소 03992 서울시 마포구 월드컵북로 6길 30
전화 393-5681 | 팩스 393-5685
홈페이지 www.moonye.com | 블로그 blog.naver.com/imoonye
페이스북 www.facebook.com/moonyepublishing | 이메일 info@moonye.com

ISBN 978-89-310-1143-2 03330

이 도서의 국립중앙도서관 출판시도서목록(CIP)은 서지정보유통지원시스템
(http://seoji.nl.go.kr)과 국가자료공동목록시스템(http://www.nl.go.kr/kolisnet)에서
이용하실 수 있습니다. (CIP제어번호 CIP2019013771)

• 잘못 만든 책은 구입하신 서점에서 바꿔드립니다.